国家文化产业资金支持媒体融合重大项目

会计专业岗位实操系列规划教材

Comprehensive Training of Accounting Informationization

会计信息化综合实训

（用友ERP-U8 V10.1版）

第二版

宋红尔 主编

东北财经大学出版社
Dongbei University of Finance & Economics Press
大连

图书在版编目（CIP）数据

会计信息化综合实训（用友ERP-U8 V10.1版）/宋红尔主编. —2版. —大连：东北财经大学出版社，2022.8（2025.1重印）
（会计专业岗位实操系列规划教材）
ISBN 978-7-5654-4608-5

Ⅰ. 会…　Ⅱ. 宋…　Ⅲ. 财务软件-岗位培训-教材　Ⅳ. F232

中国版本图书馆CIP数据核字（2022）第131017号

东北财经大学出版社出版
（大连市黑石礁尖山街217号　邮政编码　116025）
网　　址：http://www.dufep.cn
读者信箱：dufep@dufe.edu.cn
大连图腾彩色印刷有限公司印刷　　东北财经大学出版社发行

幅面尺寸：205mm×285mm　字数：301千字　印张：15.5　插页：1

2022年8月第2版　　2025年1月第2次印刷

责任编辑：包利华　　责任校对：张晓鹏
封面设计：冀贵收　　版式设计：原　皓

定价：39.00元

教学支持　售后服务　　联系电话：（0411）84710309

如有印装质量问题，请联系营销部：（0411）84710711

第二版前言

2021年12月30日，财政部印发了《会计信息化发展规划（2021—2025年）》（财会〔2021〕36号）。该规划明确提出："各单位要加强复合型会计信息化人才培养，高等院校要适当增加会计信息化课程内容的比重，加大会计信息化人才培养力度。"党的二十大报告明确提出"加快建设数字中国"的重大战略部署。企业会计工作也应顺应时代潮流，向信息化、数字化方向转型。在此背景下，我们编写了这套会计信息化教材。

本套教材由四部教材构成。按照应用能力层次，第一部为财务篇（书名：《会计信息化——财务篇》）；第二部为供应链篇（书名：《用友ERP供应链管理系统应用教程》）；第三部为业财一体信息化应用（书名：《会计信息系统应用——基于业财融合》）；第四部为综合实训（书名：《会计信息化综合实训》），即本教材。承蒙广大读者厚爱，截至2022年7月，本套教材已印刷30余次，累计发行10余万册。

与同类实训教材比较，本教材具有如下特点：

1. 综合性。一方面，本教材以用友ERP-U8 V10.1软件为蓝本，通过实训读者应熟练掌握总账、应收款管理、应付款管理、采购管理、销售管理、库存管理、存货核算、固定资产、薪资管理及UFO报表等10个子系统，实现多模块综合应用；另一方面，本教材全部实训任务按账套主管、财务经理、会计、出纳、销售员、采购员、库管员等7个岗位分工设计，学生通过实训能够实现多岗位综合应用。

2. 完整性。一方面，本教材以虚拟的辽宁中创商贸有限公司为背景，共设计了134笔经济业务，其中，既有普通业务，又有特殊业务；另一方面，本教材要求读者依次完成账套建立、基础设置、系统初始化、日常经济业务处理、期末处理等实训任务。学生通过实训能够完整地掌握一般商业企业会计信息化工作的全过程。

3. 真实性。在版面设计上，本教材对于原始凭证采用了高仿真的发票、银行票据等实训资料，印章齐全，具有较强的真实感，使学生置身于仿真的会计环境中实训。所有经济业务均以仿真单据呈现，辅之少量文字描述，以锻炼学生对经济业务的职业判断能力。

4. 及时性。一方面，根据最新的财税政策及会计准则编写教材实训任务；另一方面，将会计信息化在实际应用中的最新研究成果纳入教材。

5. 教学资源丰富。本教材配套资源包括：❶教案、电子课件等教学文件；❷全部实训业务的操作过程微视频（读者可用手机扫描教材中的二维码进行收看学习）；❸教材正文的初始账套、结果账套。

6. 融入课程思政。本教材提供了"课程思政"教学设计表供任课教师授课时参考，任课教师可以用手机扫描右方二维码获取，或登录东北财经大学出版社网站（www.dufep.cn）下载使用。

"课程思政"
教学设计表

本教材由宋红尔任主编，赵德良、吴爽、左继男任副主编，参与编写的还有郭训言、孙其婷两位老师。宋红尔负责拟定全书大纲及所有原始凭证的制作，并对全书进行总纂、修改和定稿。

本教材在编写过程中参考了国内相关专著、教材和论文，在此对有关作者表示衷心的感谢。作为校企合作单位，本教材的编写得到了辽宁华瑞会计师事务所的大力支持，在此也一并表示感谢。

虽然编者对会计信息系统应用一直在关注、追踪、学习，但因水平有限，对某些问题的认识和理解也不一定准确，书中难免有疏漏和不当之处，竭诚欢迎广大读者不吝指正。您的批评和建议将是本书再次修订的重要依据。联系方式：

E-mail：songhonger@163.com

教师QQ群：233163238（会计信息化教学与研究）

宋红尔

2022年8月于辽宁锦州

目　录

第一章　概述

一、实训目的

会计信息化综合实训以虚拟的辽宁中创商贸有限公司（以下简称：辽宁中创）为背景，学生分别担任总经理、财务经理、会计、出纳、销售员、采购员及库管员等7个岗位，从建立账套、基础设置、系统初始化等基础工作，到财务业务一体化综合实训，最终生成期末财务报表等，完成该公司2022年12月份的会计信息化工作。

通过实训，将辽宁中创2022年12月发生的经济业务以高仿真原始单据的方式最大限度地还原出来，学生在高仿真的会计环境中工作，尽最大可能缩小会计信息化教学环境与会计信息化职业环境的偏差，缩短学生与会计实践的距离，起到由理性认识过渡到感性认识的桥梁作用，为其能顺利走向社会奠定坚实基础。

通过实训，学生在熟练掌握某种通用型会计信息系统（用友ERP-U8 V10.1）基本功能、会计信息系统规范化处理的基础上，对商业企业的会计信息化工作内容和业务处理流程有一个比较系统和全面的认识，使学生能够理解企业业务与财务的内在有机联系，理解业务流、资金流和信息流之间的关系，进一步培养和提高学生在信息化环境中的职业判断能力和业务处理能力，最终达到将所学的会计信息化理论及方法与会计实践相融合的目的。

通过实训，使学生对会计信息化工作的全貌有清晰、直观的认识，比较系统地掌握企业会计信息化的处理方法，既培养其动手能力，又加深了其对会计理论和会计实践内在联系的深刻认识。通过强化学生对所学会计信息化专业理论知识的掌握，提高其会计技能的操作水准，最终实现培养应用型专业人才的教育目标。

二、实训要求

学生应当按以下要求完成实训：

（1）在具体的企业工作环境中，能够建立账套、增加操作员并为其赋权；

（2）能根据具体的基础资料，建立各种基础档案；

（3）能根据企业的具体要求，对所启用的各子系统进行初始化处理；

（4）能熟练地对采购业务在采购、应付、库存和存货等子系统进行业务操作；

（5）能熟练地对销售业务在销售、应收、库存和存货等子系统进行业务操作；

（6）能熟练地进行薪资管理系统初始设置、工资变动、工资分摊及期末处理等操作；

（7）能熟练地进行固定资产系统初始设置、资产变动、折旧计提及期末处理等操作；

（8）能熟练地对总账系统初始设置、日常经济业务凭证处理、账表查询、转账定义及生成、期末处理等操作；

（9）能熟练地进行报表格式定义和报表公式定义，编制规范的财务报表；

（10）能够深刻理解常见单据在各子系统的传递流程，理解各子系统之间的内在联系。

三、实训内容

会计信息化综合实训主要包括以下内容：

（1）系统管理实训。本部分主要包括：增加操作员、建立账套及设置操作员权限。

（2）基础设置实训。本部分主要包括：设置机构人员档案、设置客商信息、设置存货信息、设置财务信息、收付结算设置、业务档案设置、单据设置及数据权限控制设置。

（3）系统初始化实训。本部分主要包括以下子系统的初始化：应付款管理、应收款管理、采购管理、库存管理、存货核算、固定资产、薪资管理以及总账等。

（4）业财一体信息化综合实训。本部分为会计信息化综合实训的主要部分，涵盖了辽宁中创2022年12月份发生的全部经济业务。

四、实训背景

（一）实训企业简介

1. 公司注册资料（如图1-1所示）

营业执照

统一社会信用代码：91210600152387926T

名　　称　辽宁中创商贸有限公司

类　　型　有限责任公司

住　　所　辽宁省锦州市太和区翠园街689号

法定代表人　杨正林，兼任公司总经理

注册资本　人民币2 000万元

成立日期　2021年1月3日

营业期限　2021年1月3日至2039年1月3日

经营范围　主要从事电脑、U盘、移动硬盘、手机及打印机等的批发和零售。

【依法须经批准的项目，经相关部门批准后方可开展经营活动】

登记机关

锦州市太和区市场监督管理局

2021年01月03日

图1-1　企业法人营业执照

2. 公司银行资料

（1）基本存款账户

中国工商银行锦州太和支行，账号：6828579603952213879

（2）一般存款账户

中国银行锦州太和支行（人民币户），账号：863311239305

中国银行锦州太和支行（美元户），账号：863711235996

（3）住房公积金账户

中国工商银行锦州太和支行，账号：6828579829535966705

（4）银行预留印鉴

公司各开户银行预留印鉴如图1-2所示。

图1-2 银行预留印鉴

3. 公司税务资料

主管税务机关为锦州市太和区税务局，公司纳税人识别号同公司统一社会信用代码，缴款账户：国家金库锦州市太和支库，账号：2107492538127815632。

（二）实训企业会计信息系统

公司于2022年12月开始使用用友ERP-U8 V10.1版本的会计信息系统，具体包括以下子系统：总账、应收款管理、应付款管理、采购管理、销售管理、库存管理、存货核算、固定资产、薪资管理及UFO报表系统。

（三）实训企业会计核算制度

1. 会计凭证基本规定

录入或生成“记账凭证”均由指定的会计人员操作，含有“库存现金”和“银行存款”科目的记账凭证均需出纳签字。采用收款、付款、转账三种专用记账凭证。对已记账凭证的修改，采用红字冲销法。为保证财务与业务数据的一致性，能在业务系统生成的记账凭证不得在总账系统直接录入。根据原始单据生成记账凭证时，不采用合并制单（除收付款核销及特别规定外）。出库单与入库单原始凭证以软件系统生成的为准。无特别要求，在业务发生当日，收到发票并支付款项的业务使用现付功能处理，开出发票同时收到款项的业务使用现结功能处理。

2. 货币资金业务的处理

公司采用的结算方式包括现金结算、支票、托收承付、委托收款、银行汇票、商业汇票、电汇等。收、付款业务由财务部门根据有关凭证进行处理，在系统中没有对应结算方式时，其结算方式为“其他”。

3. 往来科目辅助核算要求

往来科目的辅助账类型及受控系统见表1-1。

表 1-1 往来科目辅助核算一览表

科目编码	科目名称	辅助账类型	受控系统	备注
112101	应收票据/人民币	客户往来	应收系统	
112102	应收票据/美元	客户往来	应收系统	
112201	应收账款/人民币	客户往来	应收系统	
112202	应收账款/美元	客户往来	应收系统	
112203	应收账款/资产处置应收款	客户往来		固定资产处置业务
1123	预付账款	供应商往来	应付系统	
1531	长期应收款	客户往来		具有融资性质的分期收款业务
2201	应付票据	供应商往来	应付系统	
220201	应付账款/一般应付账款	供应商往来	应付系统	
220202	应付账款/暂估应付账款	供应商往来		
220203	应付账款/受托代销	供应商往来		收取手续费方式的受托代销业务
220301	预收账款/一般人民币预收账款	客户往来	应收系统	
220302	预收账款/一般美元预收账款	客户往来	应收系统	
220303	预收账款/销售定金	客户往来		销售定金业务
220304	预收账款/附条件销售款	客户往来		无法估计退货率的附退回条件销售业务
224102	其他应付款/应付售后回购款	供应商往来		售后回购业务
2314	受托代销商品款	供应商往来		受托代销业务

4. 非往来科目辅助核算要求

日记账：库存现金、银行存款。

银行账：银行存款。

个人往来：其他应收款/职工个人往来。

项目核算：交易性金融资产、债权投资和其他权益工具投资，以及这三个总账科目的明细科目。

5. 存货业务的处理

公司存货主要包括电脑、U 盘、移动硬盘、手机、打印机及应税劳务等，按存货分类进行存放及核算。各类存货按照实际成本核算，采用永续盘存制；发出存货成本按仓库进行核算，其中，1 号仓库存放电脑，采用“全月平均法”计价；2 号仓库存放 U 盘及移动硬盘，也采用“全月平均法”计价；其余仓库均采用“先进先出法”计价。采购入库存货对方科目全部使用“在途物资”科目，受托代销入库存货对方科目使用“受托代销商品款”科目，委托代销成本核算方式按“发出商品”核算。同一批出库或入库业务生成一张凭证；采购、销售必有订单，订单号为合同编号，到货必有到货单，发货必有发货单，存货按业务发生日期逐笔记账并制单，暂估业务除外。

除发生非合理损耗的采购业务外，存货核算系统制单时不允许勾选“已结算采购入库单自动选择全部结算单上单据（包括入库单、发票、付款单），非本月采购入库单按蓝字报销单制单”选项。

6. 坏账准备的计提

公司除应收账款外，其他预付及应收款项不计提坏账准备。期末按应收账款余额的 0.5% 计提坏账准备。

7. 固定资产业务的处理

公司固定资产包括房屋及建筑物、机器设备、运输工具和办公设备，均为在用状态；采用“平均年限法（一）”按月计提折旧；同期增加多个固定资产时，不采用合并制单。该系统生成的凭证均到“批量制单”中完成。

8. 投资性房地产业务的处理

公司所在地具有活跃的房地产市场，房地产公允价值能够可靠计量，投资性房地产后续计量采用公允价值计量模式。

9. 薪酬业务的处理

公司按有关规定计算缴纳社会保险费和住房公积金。社会保险费及住房公积金以固定工资基数3 000（元/人）作为计提基数。“五险一金”计提比例见表1-2。

表1-2　“五险一金”计提比例

项　目	企业承担（%）	个人承担（%）	小计（%）
基本养老保险	12	8	20
医疗保险	8	2	10
失业保险	2	1	3
工伤保险	0.5		0.5
生育保险	0.85		0.85
小　计	23.35	11	34.35
住房公积金	10	10	20
合　计	33.35	21	54.35

各类社会保险费及住房公积金当月计提，次月缴纳。根据国家有关规定，公司代扣由个人承担的社会保险费、住房公积金。在缴纳个人负担的社会保险费及住房公积金时通过“其他应付款”账户进行核算。

根据国家有关规定，公司代扣代缴个人所得税，通过“应交税费”账户进行核算。假定公司员工除工资外，当年未取得劳务报酬所得、稿酬所得和特许权使用费所得。假定公司每位员工均享受子女教育、赡养老人两项专项附加扣除共计2 000元，无其他专项附加扣除事项。

公司职工福利费和职工教育经费不预提，按实际发生金额列支。工会经费按应付工资总额的2%计提。工资分摊制单合并科目相同、辅助项相同的分录。

10. 税费的处理

公司为增值税一般纳税人，增值税税率为13%，按月缴纳，按当期应交增值税的7%计算城市维护建设税、3%计算教育费附加、2%计算地方教育附加。公司当期取得的增值税专用发票，按照现行增值税制度规定当期准予抵扣的，均已认证且于当期一次性抵扣。

公司车船税、房产税和城镇土地使用税均按税法规定计算缴纳。

企业所得税税率为25%，按年计征，分月预缴，年终汇算清缴，多退少补。企业所得税会计采用资产负债表债务法。缴纳税费按银行开具的原始凭证编制记账凭证。

11. 财产清查的处理

公司每月月末对存货进行清查，每年年末对固定资产进行清查。根据盘点结果编制“盘点表”，并与账面数据进行比较，由库存管理员审核后进行处理。

12. 利润分配

根据《中华人民共和国公司法》及公司章程，公司税后利润按以下顺序分配：①弥补亏损；②按10%提取法定盈余公积；③按30%向投资者分配利润。

13. 损益类账户的结转

每月月末将各损益类账户余额转入“本年利润”账户，结转时按收入和支出分别生成记账凭证。

第二章 系统管理实训

一、增加操作员

根据表2-1增加操作员。

表2-1 软件应用操作员/用户

编号	姓名	用户类型	认证方式	口令	所属部门	角色	职务
A01	杨正林	普通用户	用户+口令（传统）		行政部	账套主管	总经理
W01	李春华	普通用户	用户+口令（传统）		财务部	普通员工	财务经理
W02	王贺鑫	普通用户	用户+口令（传统）		财务部	普通员工	会计
W03	赵艺丹	普通用户	用户+口令（传统）		财务部	普通员工	出纳
X01	张滢芬	普通用户	用户+口令（传统）		销售部	普通员工	销售员
G01	张佳伦	普通用户	用户+口令（传统）		采购部	普通员工	采购员
C01	于艳森	普通用户	用户+口令（传统）		仓储部	普通员工	库管员

二、建立账套

根据表2-2建立账套。

表2-2 建账向导

建账向导	参数设置
账套信息	账套号：001；账套名称：辽宁中创商贸有限公司；启用会计期：2022年12月
单位信息	单位名称：辽宁中创商贸有限公司（简称：辽宁中创）；地址：辽宁省锦州市太和区翠园街689号；法定代表人：杨正林；邮编：121000；联系电话和传真均为：0416-8311565；电子邮箱：zhongchuang@163.com；税号：91210600152387926T
核算类型	企业类型：商业；企业记账本位币为人民币；会计科目采用“2007年新会计制度科目”； 账套主管：杨正林
基础信息	对存货、客户、供应商分类，有外币核算
编码方案	科目编码级次：4-2-2-2-2；客户分类编码级次：2-2-2；供应商分类编码级次：2-2-2；存货分类编码级次：1-1-1；部门编码级次：2-2；收发类别编码级次：1-2-2；其他项默认
数据精度	系统默认
系统启用	总账、应收款管理、应付款管理、固定资产、销售管理、采购管理、库存管理、存货核算以及薪资管理等9个系统

三、设置操作员权限

根据表2-3设置辽宁中创的U8系统操作员权限。

表2-3 软件应用操作员及操作权限分工表

编码	姓名	隶属部门	职务	权限分工
A01	杨正林	行政部	总经理	账套主管（信息化基础工作）
W01	李春华	财务部	财务经理	总账的审核凭证、查询凭证、对账与结账；编制UFO报表
W02	王贺鑫	财务部	会计	公用目录设置、总账（填制凭证、查询凭证、记账、常用凭证、账表、期末处理）、应收款管理和应付款管理（不含收（付）款单填制、销售定金转出、选择收（付）款和票据管理）及固定资产、存货核算、薪资管理的所有权限
W03	赵艺丹	财务部	出纳	总账的出纳签字及出纳的所有权限；应收款管理和应付款管理的收（付）款单填制、选择收（付）款、票据管理；应收款管理的销售定金转出、应收冲应付权限
X01	张滏芬	销售部	销售员	销售管理的所有权限
G01	张佳伦	采购部	采购员	采购管理的所有权限
C01	于艳森	仓储部	库管员	公共单据、库存管理的所有权限

第三章　基础设置实训

一、设置机构人员档案

1. 部门档案

部门档案见表3-1。

表3-1　部门档案

部门编码	部门名称
01	行政部
02	人事部
03	财务部
04	采购部
05	销售部
06	仓储部

2. 企业正式工的人员类别

正式工人员类别见表3-2。

表3-2　正式工人员类别

档案编码	档案名称
1011	企业管理人员
1012	采购人员
1013	销售人员

3. 人员档案

人员档案见表3-3。

表3-3　人员档案

人员编码	人员姓名	性别	行政部门	雇用状态	人员类别	是否操作员	是否业务员
A01	杨正林	男	行政部	在职	企业管理人员	是	是
A02	于浩	女	人事部	在职	企业管理人员		是
W01	李春华	女	财务部	在职	企业管理人员	是	是
W02	王贺鑫	男	财务部	在职	企业管理人员	是	是
W03	赵艺丹	女	财务部	在职	企业管理人员	是	是
G01	张佳伦	男	采购部	在职	采购人员	是	是
G02	赵乾	女	采购部	在职	采购人员		是
X01	张滢芬	女	销售部	在职	销售人员	是	是
X02	屈卫明	男	销售部	在职	销售人员		是
C01	于艳森	女	仓储部	在职	企业管理人员	是	是

二、设置客商信息

1. 供应商分类

供应商分类见表3-4。

表3-4 供应商分类

分类编码	分类名称
01	一类
02	二类
09	共同类

2. 供应商档案

供应商档案见表3-5。

表3-5 供应商档案

供应商	所属分类	地址、电话、税号	开户银行、账号
北京盛达商贸有限公司 编码：1001 简称：北京盛达	一类	北京市东城区正民路3065号 010-81072325 91110101037276089C	中国农业银行北京东城支行 92130165065560973
北京宏远商贸有限公司 编码：1002 简称：北京宏远	一类	北京市通州区云景西里279号 010-55697318 91110112596516328M	交通银行北京通州支行 110001130770202336659
上海润中商贸有限公司 编码：1003 简称：上海润中	一类	上海市黄浦区北京路235号 021-76581729 91310101258781296D	中国农业银行上海黄浦支行 86167513949311266
广州鑫达商贸有限公司 编码：1004 简称：广州鑫达	一类	广东省广州市天河区石井路112号 020-80299578 91440106550625973E	中国工商银行广州天河支行 3602021585300040928
深圳裕丰商贸有限公司 编码：1005 简称：深圳裕丰	一类	深圳市福田区平安路1198号 0755-86185973 91440304192537836C	中国建设银行深圳福田支行 44207978550061020973
扬州瑞成商贸有限公司 编码：1006 简称：扬州瑞成	一类	江苏省扬州市广陵区马连道3号 0514-89375136 91321002635175258H	交通银行扬州广陵支行 115609378134511981265
锦州润商集团有限公司 编码：2001 简称：锦州润商	二类	辽宁省锦州市古塔区四季路9号 0416-3886095 91210702839556082F	中国建设银行锦州古塔支行 82314338293020477835
锦州志合商贸有限公司 编码：2002 简称：锦州志合	二类	辽宁省锦州市凌河区万寿路89号 0416-2508367 91210703353517826N	中国银行锦州凌河支行 276210563818
沈阳冠月商贸有限公司 编码：9001 简称：沈阳冠月	共同类	辽宁省沈阳市东陵区新华路66号 024-76883562 91210112851734658R	中国工商银行沈阳东陵支行 2109290781418676925
沈阳宝泰商贸有限公司 编码：9002 简称：沈阳宝泰	共同类	辽宁省沈阳市铁西区百花路2号 024-65308833 91210103291938726X	中国农业银行沈阳百花支行 58306115806269276
天津惠阳商贸有限公司 编码：9003 简称：天津惠阳	共同类	天津市南开区中华路三段88号 022-81329367 91120104572036908N	中国农业银行天津南开支行 28067250462086709
青岛荣华电商有限公司 编码：9004 简称：青岛荣华	共同类	山东省青岛市李沧区向阳路999号 0536-8085016 91370210545797955P	中国工商银行青岛李沧支行 3359870765709188221
沈阳通达物流有限公司 编码：9009 简称：沈阳通达	共同类	辽宁省沈阳市皇姑区振兴路968号 024-82961537 91210105357948262W	中国银行沈阳皇姑支行 820114163108

3. 客户分类

客户分类见表3-6。

表3-6 客户分类

分类编码	分类名称
01	一类
02	二类
09	共同类

4. 客户档案

客户档案见表3-7。

表3-7 客户档案

客户	所属分类	地址、电话、税号	开户银行、账号
保定隆祥超市有限公司 编码：1001 简称：保定隆祥	一类	河北省保定市新市区天鹅路501号 0312-7138822 91130602106981019B	中国建设银行保定分行营业部 62662095880457618358
北京聚鑫百货有限公司 编码：1002 简称：北京聚鑫	一类	北京市崇文区金马路312号 010-89652320 91110102802655861E	中国银行北京崇文支行 967823362405
北京嘉美超市有限公司 编码：1003 简称：北京嘉美	一类	北京市宣武区南线阁356号 010-85192536 91110104279520135W	中国建设银行北京宣武支行 41090735785013685392
营口泓发超市有限公司 编码：2001 简称：营口泓发	二类	辽宁省营口市西市区三宝路106号 0417-7016633 91210803766150450M	中国农业银行营口西市支行 99659225860602513
盘锦福满商贸有限公司 编码：2002 简称：盘锦福满	二类	辽宁省盘锦市太行区益民路88号 0427-5732057 91211100697102305R	中国建设银行盘锦太行支行 96281072313180875688
锦州普惠超市有限公司 编码：2003 简称：锦州普惠	二类	辽宁省锦州市古塔区北京路188号 0416-6526973 91210702531559686D	中国银行锦州古塔支行 278682575076
大连海龙贸易有限公司 编码：2004 简称：大连海龙	二类	大连市金州区万福东路1023号 024-83691851 91210213391510011H	中国工商银行大连金州支行 3602025617968908175
锦州恒泰商务有限公司 编码：2005 简称：锦州恒泰	二类	辽宁省锦州市太和区华山路6号 0416-7586326 91210600350352515M	锦州银行永丰支行 410100960395221
零散客户 编码：2009	二类		
沈阳冠月商贸有限公司 编码：9001 简称：沈阳冠月	共同类	辽宁省沈阳市东陵区新华路66号 024-76883562 91210112851734658R	中国工商银行沈阳东陵支行 2109290781418676925
沈阳宝泰商贸有限公司 编码：9002 简称：沈阳宝泰	共同类	辽宁省沈阳市铁西区百花路2号 024-65308833 91210103291938726X	中国农业银行沈阳百花支行 58306115806269276
天津惠阳商贸有限公司 编码：9003 简称：天津惠阳	共同类	天津市南开区中华路三段88号 022-81329367 91120104572036908N	中国农业银行天津南开支行 28067250462086709
青岛荣华电商有限公司 编码：9004 简称：青岛荣华	共同类	山东省青岛市李沧区向阳路999号 0536-8085016 91370210545797955P	中国工商银行青岛李沧支行 3359870765709188221

三、设置存货信息

1. 设置存货分类

存货分类见表3-8。

表3-8 存货分类

一级分类		二级分类	
编码	名称	编码	名称
1	电脑	11	台式机
		12	笔记本
2	存储设备	21	U盘
		22	移动硬盘
3	手机		
4	打印机	41	针式打印机
		42	喷墨打印机
		43	激光打印机
7	包装物		
8	固定资产	81	房屋及建筑物
		82	机器设备
		83	运输工具
		84	办公设备
9	应税劳务		

2. 计量单位组及计量单位

计量单位组及计量单位见表3-9。

表3-9 计量单位组及计量单位

计量单位组编码	计量单位组名称	计量单位组类别	计量单位编码	计量单位名称
1	基本计量单位	无换算率	01	台
			02	个
			03	部
			04	辆
			98	千米
			99	次

3. 存货档案

存货档案见表3-10。

表3-10 存货档案

存货编码	存货名称	规格型号	存货分类	单位	税率（%）	存货属性
11101	联想台式机	天逸510S	台式机	台	13	内销、外销、外购
11102	联想台式机	扬天M4000e	台式机	台	13	内销、外销、外购
11201	华硕台式机	S340MC	台式机	台	13	内销、外销、外购
11202	华硕台式机	M32CD	台式机	台	13	内销、外销、外购
11301	戴尔台式机	成就3668	台式机	台	13	内销、外销、外购
12101	联想笔记本	E41-25	笔记本	台	13	内销、外销、外购
12102	联想笔记本	E52	笔记本	台	13	内销、外销、外购
12201	惠普笔记本	薄锐ENVY13	笔记本	台	13	内销、外销、外购
12202	惠普笔记本	光影精灵3	笔记本	台	13	内销、外销、外购
21101	金士顿	32G	U盘	个	13	内销、外销、外购
21102	金士顿	64G	U盘	个	13	内销、外销、外购
21103	金士顿	128G	U盘	个	13	内销、外销、外购
21201	爱国者	64G	U盘	个	13	内销、外销、外购
21301	三星	32G	U盘	个	13	内销、外销、外购
22101	西部数据	1TB	移动硬盘	个	13	内销、外销、外购
22102	西部数据	2TB	移动硬盘	个	13	内销、外销、外购
22201	希捷	1TB	移动硬盘	个	13	内销、外销、外购
22202	希捷	4TB	移动硬盘	个	13	内销、外销、外购
30101	华为	荣耀10	手机	部	13	内销、外销、外购
30102	华为	麦芒6	手机	部	13	内销、外销、外购
30103	华为	Mate10	手机	部	13	内销、外销、外购
30201	OPPO	R15	手机	部	13	内销、外销、外购
30301	小米	6X	手机	部	13	内销、外销、外购
41101	爱普生	LQ-610K	针式打印机	台	13	内销、外销、外购、受托代销
42101	佳能	E568	喷墨打印机	台	13	内销、外销、外购、受托代销
42201	惠普	DJ1111	喷墨打印机	台	13	内销、外销、外购、受托代销
43101	佳能	LBP2900	激光打印机	台	13	内销、外销、外购、受托代销
43201	惠普	M104w	激光打印机	台	13	内销、外销、外购、受托代销
71001	包装箱	中号	包装物	个	13	内销、外销、外购
82001	智能分拣系统		机器设备	台	13	内销、外销、外购、资产
90001	运输费		应税劳务	千米	9	内销、外销、外购、应税劳务
90002	代销手续费		应税劳务	次	6	内销、外销、外购、应税劳务

四、设置财务信息

1. 维护会计科目

（1）指定会计科目。

指定“1001库存现金”为现金科目、“1002银行存款”为银行科目。

（2）增加会计科目。

会计科目见表3-11。

表3-11　会计科目表

科目编码	科目名称	辅助账类型
100201	中国工商银行	日记账　银行账
10020101	锦州太和支行	日记账　银行账
100202	中国银行	日记账　银行账
10020201	锦州太和支行	日记账　银行账
1002020101	人民币	日记账　银行账
1002020102	美元	日记账　银行账
101201	存出投资款	
101202	银行汇票	
101203	银行本票	
101204	信用卡	
101205	信用证保证金	
101206	外埠存款	
110101	成本	数量核算（股（份））、项目核算
110102	公允价值变动	项目核算
112101	人民币	客户往来，应收系统受控
112102	美元	客户往来，应收系统受控
112201	人民币	客户往来，应收系统受控
112202	美元	客户往来，应收系统受控
112203	资产处置应收款	客户往来，应收系统不受控
122101	个人往来	个人往来
122102	正卓财产保险公司	
141101	包装物	
141102	低值易耗品	
14110201	在用	
14110202	在库	
14110203	摊销	
150101	成本	数量核算（份）、项目核算
150102	利息调整	项目核算
150103	应计利息	项目核算
150301	成本	数量核算（股（份））、项目核算
150302	公允价值变动	项目核算
152101	成本	
152102	公允价值变动	
170101	专利权	

续表

科目编码	科目名称	辅助账类型
170102	商标权	
170103	土地使用权	
190101	待处理流动资产损溢	
190102	待处理固定资产损溢	
200101	中国工商银行锦州太和支行	
220201	一般应付账款	供应商往来，应付系统受控
220202	暂估应付账款	供应商往来，应付系统不受控
220203	受托代销	供应商往来，应付系统不受控
220301	一般人民币预收账款	客户往来，应收系统受控
220302	一般美元预收账款	客户往来，应收系统受控
220303	销售定金	客户往来，应收系统不受控
220304	附条件销售款	客户往来，应收系统不受控
221101	工资	
221102	社会保险费	
22110201	基本医疗保险费	
22110202	工伤保险费	
22110203	生育保险费	
221103	设定提存计划	
22110301	基本养老保险费	
22110302	失业保险费	
221104	住房公积金	
221105	工会经费	
221106	职工教育经费	
221107	职工福利费	
221108	非货币性福利	
221109	带薪缺勤	
222101	应交增值税	
22210101	进项税额（注：借方）	
22210103	已交税金（注：借方）	
22210105	转出未交增值税（注：借方）	
22210106	销项税额	
22210108	进项税额转出	
22210109	转出多交增值税	
222102	未交增值税	
222103	预交增值税	
222104	待抵扣进项税额	
222105	待认证进项税额	
222106	简易计税	
222107	转让金融商品应交增值税	
222121	应交消费税	
222122	应交企业所得税	
222123	应交个人所得税	
222124	应交城市维护建设税	

续表

科目编码	科目名称	辅助账类型
222125	应交教育费附加	
222126	应交地方教育附加	
222127	应交房产税	
222128	应交城镇土地使用税	
222129	应交车船税	
222130	应交土地增值税	
224101	代扣职工三险一金	
22410101	代扣医疗保险	
22410102	代扣养老保险	
22410103	代扣失业保险	
22410104	代扣住房公积金	
224102	应付售后回购款	供应商往来，应付系统不受控
400201	资本溢价	
400202	其他资本公积	
410101	法定盈余公积	
410102	任意盈余公积	
410401	提取法定盈余公积	
410402	提取任意盈余公积	
410403	应付现金股利或利润	
410404	盈余公积补亏	
410409	未分配利润	
605101	受托代销手续费	
605102	出售包装物收入	
6115	资产处置损益（注：收入）	
630101	盘盈利得	
630102	捐赠利得	
630103	债务重组利得	
630104	非货币性资产交换利得	
630113	罚款收入	
660101	折旧费	部门核算
660102	职工薪酬	部门核算
660103	水电费	部门核算
660104	差旅费	部门核算
660105	办公费	部门核算
660106	业务招待费	部门核算
660107	运输费	
660108	广告宣传费	
660109	委托代销手续费	
660201	折旧费	部门核算
660202	职工薪酬	部门核算
660203	水电费	部门核算
660204	差旅费	部门核算
660205	办公费	部门核算

续表

科目编码	科目名称	辅助账类型
660206	业务招待费	部门核算
660207	品牌管理费	
660208	修理费	
660209	无形资产摊销	
660210	存货盘点	
660301	利息支出	
660302	汇兑损益	
660303	手续费及工本费	
660304	现金折扣	
660305	票据贴现	
6702	信用减值损失（注：支出）	
671101	盘亏损失	
671102	公益性捐赠支出	
671111	报废非流动资产损失	
671112	非常损失	
671113	罚款支出	
680101	当期所得税费用	
680102	递延所得税费用	

（3）修改会计科目。

修改会计科目“应收票据”辅助核算为“客户往来”，受控于“应收系统”；

修改会计科目“长期应收款”辅助核算为“客户往来”，不受控于“应收系统”；

修改会计科目“应付票据”和“预付账款”辅助核算为“供应商往来”，受控于“应付系统”；

修改会计科目“200101中国工商银行锦州太和支行”，为其增加“年利率”（自定义项1）、“到期日”（自定义项4）辅助核算；

将“1501持有至到期投资”和“1503可供出售金融资产”的科目名称分别改为“债权投资”和“其他权益工具投资”；

将“交易性金融资产”、“债权投资”和“其他权益工具投资”设置为项目核算；

将“1321代理业务资产”的科目名称改为“受托代销商品”；

将“2314代理业务负债”的科目名称改为“受托代销商品款”，辅助核算类型为“供应商往来”且应付系统不受控；

将“6403营业税金及附加”的科目名称改为“税金及附加”。

2. 设置凭证类别、限制类型及限制科目

根据表3-12设置凭证类别、限制类型及限制科目。

表3-12 凭证类别

类别名称	限制类型	限制科目
收款凭证	借方必有	1001，1002
付款凭证	贷方必有	1001，1002
转账凭证	凭证必无	1001，1002

3. 设置外币核算

（1）定义外币。

币符：USD；币名：美元；汇率小数位：4；浮动汇率；假定2022年12月1日记账汇率为6.7000；其他项默认。

（2）修改会计科目。

设置“1002020102银行存款/中国银行/锦州太和支行/美元”、“112102应收票据/美元”“112202应收账款/美元”和“220302预收账款/一般美元预收账款”有美元外币核算。

4. 设置项目目录

根据表3-13增加项目大类、项目分类及项目目录；将“交易性金融资产”“债权投资”“其他权益工具投资”的二级科目指定为“金融资产”项目大类下的已选科目。

表3-13　项目目录

1.项目大类	金融资产（注：普通项目）	
2.核算科目	1101交易性金融资产、110101成本、110102公允价值变动	
	1501债权投资、150101成本、150102利息调整、150103应计利息	
	1503其他权益工具投资、150301成本、150302公允价值变动	
3.项目分类	1股票	2债券
4.项目目录	11神宇股份	21东方公司
	12高科石化	

五、收付结算设置

1. 设置结算方式

结算方式见表3-14。

表3-14　结算方式

结算方式编码	结算方式名称
1	现金
2	支票
201	现金支票
202	转账支票
3	汇票
301	银行汇票
311	商业承兑汇票
312	银行承兑汇票
4	本票
5	汇兑
501	信汇
502	电汇
6	委托收款
7	托收承付
9	其他

2. 设置付款条件

付款条件见表3-15。

表3-15 付款条件

付款条件编码	信用天数	优惠天数1	优惠率1	优惠天数2	优惠率2	优惠天数3	优惠率3
1	30	10	4	20	2	30	0
2	30	10	2	20	1	30	0

3. 设置银行档案

（1）增加银行档案。

银行档案见表3-16。

表3-16 银行档案

银行编码	银行名称	个人账户长度	企业账户长度	两类账户是否定长
00018	锦州银行	17	15	是

（2）修改银行档案。

将“01中国工商银行”的企业账户及个人账户定长均设为19。

4. 设置本单位开户银行

辽宁中创的开户银行资料见表3-17。

表3-17 本单位开户银行

编码	银行账号	账户名称	开户银行	币种	所属银行
1	6828579603952213879	辽宁中创商贸有限公司	中国工商银行锦州太和支行	人民币	01
2	863311239305	辽宁中创商贸有限公司	中国银行锦州太和支行 机构号：30527 联行号：5932	人民币	00002
3	863711235996	辽宁中创商贸有限公司	中国银行锦州太和支行 机构号：30527 联行号：5932	美元	00002

六、业务档案设置

1. 设置仓库档案

仓库档案见表3-18。

表3-18 仓库档案

仓库编码	仓库名称	计价方式	备注
1	1号仓库	全月平均法	电脑，一般购销业务
2	2号仓库	全月平均法	存储设备，一般购销业务
3	3号仓库	先进先出法	手机，特殊业务类型或购销类型
4	4号仓库	先进先出法	打印机，受托代销
6	门市仓	先进先出法	零售日报
7	周转材料仓	先进先出法	
8	固定资产仓库	先进先出法	资产仓
9	废旧品仓	先进先出法	以旧换新

2. 设置收发类别

收发类别见表3-19。

表3-19 收发类别

一级类别		收发标志	二级类别		三级类别	
编码	名称		编码	名称	编码	名称
1	入库	收	101	采购入库		
			102	受托代销入库	10201	视同买断
					10202	收取手续费
			104	非货币性资产交换入库		
			105	债务重组入库		
			106	以旧换新入库		
			107	售后回购入库		
			109	盘盈入库		
			110	直运采购		
			112	调拨入库	11202	内部调拨入库
			113	代管入库		
			119	其他入库		
2	出库	发	201	销售出库		
			202	委托代销出库		
			203	受托代销出库	20301	视同买断
					20302	收取手续费
			204	非货币性资产交换出库		
			205	债务重组出库		
			206	以旧换新出库		
			207	售后回购出库		
			208	附退回条件销售出库	20801	可以估计退货率
					20802	无法估计退货率
			209	盘亏出库		
			210	直运销售		
			211	分期收款销售出库	21101	具有融资性质
					21102	不具有融资性质
			212	调拨出库	21201	销售调拨出库
					21202	内部调拨出库
			213	代管出库		
			219	其他出库		

3. 设置采购类型

采购类型见表3-20。

表3-20 采购类型

采购类型编码	采购类型名称	入库类别
01	正常采购	101采购入库
02	受托代销（买断）	10201视同买断
03	受托代销（手续费）	10202收取手续费
05	非货币性资产交换	104非货币性资产交换入库
06	债务重组	105债务重组入库
07	以旧换新	106以旧换新入库
08	售后回购	107售后回购入库
12	直运采购	110直运采购
13	代管采购	113代管入库

4. 设置销售类型

销售类型见表3-21。

表3-21 销售类型

销售类型编码	销售类型名称	出库类别
01	正常销售	201销售出库
02	委托代销	202委托代销出库
03	销售受托代销货物（买断）	20301视同买断
04	销售受托代销货物（手续费）	20302收取手续费
05	非货币性资产交换	204非货币性资产交换出库
06	债务重组	205债务重组出库
07	以旧换新	206以旧换新出库
08	售后回购	207售后回购出库
09	附退回条件销售（可以估计退货率）	20801可以估计退货率
10	附退回条件销售（无法估计退货率）	20802无法估计退货率
11	分期收款（具有融资性质）	21101具有融资性质
12	分期收款（不具有融资性质）	21102不具有融资性质
13	直运销售	210直运销售
14	销售调拨	21201销售调拨出库
15	销售代管货物	213代管出库

5. 设置费用项目

费用项目见表3-22。

表3-22 费用项目

费用项目编码	费用项目名称	费用项目分类编码	费用项目分类名称
1	代销手续费	1	日常费用
2	运输费	1	日常费用

6. 设置非合理损耗类型

非合理损耗类型见表3-23。

表3-23 非合理损耗类型

非合理损耗类型编码	非合理损耗类型名称	是否默认值
1	运输部门责任	否
2	保险公司责任	否
3	员工个人责任	否

7. 设置自定义项

设置单据头自定义项1为“年利率”、单据头自定义项4为“到期日”，且均为“必输”项。

七、单据设置

1. 单据格式设置

①为到货单表体增加“拒收数量”“已拒收数量”项目；

②为销售订单表头增加“必有定金”、“定金比例（%）”、“定金原币金额”、“定金本币金额”、“定金累计实收原币金额”、“定金累计实收本币金额”和“现款结算”项目；

③为应收收款单表头增加“订单号”“发（销）货单”项目；

④为委托代销结算单表头增加“发票号”项目；

⑤为费用支出单表头增加“费用供货商名称”和“单据流向”项目；

⑥为发货单表头增加“现款结算”“收款单号”，为其表体增加“需要签回”“发货签回完成”“需要损失处理”“发货合理损耗率（%）”“合理损耗数量”“非合理损耗数量”“责任承担处理”“供货商编码”“供货商名称”等项目；

⑦为销售专用发票表体增加“退补标志”“供货商编码”“供货商名称”项目，将其表体“数量”项目改为非必输项；

⑧修改销售订单、发货单、销售专用发票表头的“汇率”项目，取消勾选“禁止编辑”。

2. 单据编号设置

①将销售专用发票、销售普通发票、销售零售日报、销售调拨单、采购专用发票、采购普通发票的编号方式设置为“完全手工编号”；

②将销售发货单、委托结算单、委托发货单、销售订单、采购到货单、采购订单、其他入库单、其他出库单、销售出库单、采购入库单、调拨单、调拨申请单的编号方式设置为“手工改动，重号时自动重取”。

八、数据权限控制设置

取消对所有“记录级”“字段级”业务对象的权限控制。

第四章　系统初始化实训

一、设置系统参数

各系统参数见表4-1。

表4-1　　系统参数表

<table>
<tr><th>系统</th><th>选项卡</th><th>参数设置</th></tr>
<tr><td rowspan="2">总账</td><td>权限</td><td>出纳凭证必须经由出纳签字</td></tr>
<tr><td>其他</td><td>部门、个人及项目的排序方式均为“按编码排序”
外币核算的汇率方式：浮动汇率</td></tr>
<tr><td rowspan="2">应收款管理</td><td>常规</td><td>单据审核日期依据：单据日期
坏账处理方式：应收余额百分比法
自动计算现金折扣</td></tr>
<tr><td>凭证</td><td>受控科目制单方式：明细到单据
销售科目依据：按销售类型
凭证合并规则：票据号</td></tr>
<tr><td rowspan="2">应付款管理</td><td>常规</td><td>单据审核日期依据：单据日期
自动计算现金折扣</td></tr>
<tr><td>凭证</td><td>受控科目制单方式：明细到单据
采购科目依据：按采购类型
凭证合并规则：票据号</td></tr>
<tr><td rowspan="2">销售管理</td><td>业务控制</td><td>有零售日报业务
有委托代销业务
有销售调拨业务
有分期收款业务
有直运销售业务
取消“销售生成出库单”</td></tr>
<tr><td>其他控制</td><td>新增发货单默认：不参照单据
新增退货单默认：不参照单据
新增发票默认：不参照单据
勾选“发货签回需要损失处理”
勾选“发货签回处理完成才能开票”</td></tr>
<tr><td rowspan="2">采购管理</td><td>业务及权限控制</td><td>启用受托代销：结合表3-10，为打印机类存货勾选“受托代销”属性
启用代管业务</td></tr>
<tr><td>公共及参照控制</td><td>单据默认税率：13</td></tr>
<tr><td rowspan="2">库存管理</td><td>通用设置</td><td>采购入库审核时改现存量
销售出库审核时改现存量
其它出入库审核时改现存量</td></tr>
<tr><td>专用设置</td><td>允许超发货单出库
允许超采购到货单入库
自动带出单价的单据：其他出库单、盘点单、调拨单</td></tr>
<tr><td rowspan="2">存货核算</td><td>核算方式</td><td>暂估方式：单到回冲
销售成本核算方式：销售发票
委托代销成本核算方式：按发出商品核算</td></tr>
<tr><td>控制方式</td><td>单据审核后才能记账
进项税转出科目：22210108
勾选“结算单价与暂估单价不一致是否调整出库成本”</td></tr>
</table>

二、应付款管理系统初始化

1. 初始设置

（1）基本科目设置。

基本科目见表4-2。

表4-2

基本科目

基础科目种类	科目	币种
应付科目	220201应付账款/一般应付账款	人民币
预付科目	1123预付账款	人民币
采购科目	1402在途物资	人民币
税金科目	22210101应交税费/应交增值税/进项税额	人民币
汇兑损益科目	660302财务费用/汇兑损益	人民币
商业承兑科目	2201应付票据	人民币
银行承兑科目	2201应付票据	人民币
票据利息科目	660301财务费用/利息支出	人民币
现金折扣科目	660304财务费用/现金折扣	人民币
固定资产采购科目	1601固定资产	人民币

（2）产品科目设置。

产品科目见表4-3。

表4-3

产品科目

业务类型编码	业务类型名称	采购科目
02	受托代销（买断）	2314受托代销商品款
03	受托代销（手续费）	220203应付账款/受托代销
08	售后回购	224102其他应付款/应付售后回购款

（3）结算方式科目设置。

结算方式科目见表4-4。

表4-4

结算方式科目

结算方式	币种	本单位账号	科目
现金	人民币	6828579603952213879	1001库存现金
现金支票	人民币	6828579603952213879	10020101锦州太和支行
转账支票	人民币	6828579603952213879	10020101锦州太和支行
转账支票	人民币	863311239305	1002020101人民币
转账支票	美元	863711235996	1002020102美元
银行汇票	人民币	6828579603952213879	101202银行汇票
银行汇票	人民币	863311239305	101202银行汇票
本票	人民币	6828579603952213879	101203银行本票
电汇	人民币	6828579603952213879	10020101锦州太和支行
电汇	人民币	863311239305	1002020101人民币
电汇	美元	863711235996	1002020102美元
信汇	人民币	6828579603952213879	10020101锦州太和支行
委托收款	人民币	6828579603952213879	10020101锦州太和支行
托收承付	人民币	6828579603952213879	10020101锦州太和支行
其他	人民币	6828579603952213879	10020101锦州太和支行

2. 录入应付系统期初余额

（1）根据表4-5录入期初应付账款对应的采购专用发票，业务员为采购部赵乾。

表4-5 应付账款期初余额

发票号	开票日期	供应商	科目	存货编码	数量	原币单价（元）	价税合计（元）
20896117	2022-11-15	上海润中	220201	12201	500	6 800.00	3 842 000.00
86195142	2022-11-28	广州鑫达	220201	22202	300	1 100.00	372 900.00

（2）根据表4-6录入期初应付票据。

表4-6 应付票据期初余额

单据类型	票据编号	收票单位	票据面值	科目	签发日期	到期日	业务员
商业承兑汇票	18086079	北京宏远	980 000.00	2201	2022-06-20	2022-12-20	张佳伦

（3）根据表4-7录入期初预付账款对应的预付款单。

表4-7 预付账款期初余额

日期	供应商	结算方式	金额	票号	部门	业务员
2022-11-28	锦州志合	电汇	1 000 000.00	38675920	采购部	张佳伦

三、应收款管理系统初始化

1. 初始设置

（1）基本科目设置。

基本科目见表4-8。

表4-8 基本科目

基础科目种类	科目	币种
应收科目	112201 应收账款/人民币	人民币
应收科目	112202 应收账款/美元	美元
预收科目	220301 预收账款/一般人民币预收账款	人民币
预收科目	220302 预收账款/一般美元预收账款	美元
出口销售收入科目	6001 主营业务收入	人民币
汇兑损益科目	660302 财务费用/汇兑损益	人民币
商业承兑科目	112101 应收票据/人民币	人民币
商业承兑科目	112102 应收票据/美元	美元
银行承兑科目	112101 应收票据/人民币	人民币
银行承兑科目	112102 应收票据/美元	美元
票据利息科目	660301 财务费用/利息支出	人民币
票据费用科目	660305 财务费用/票据贴现	人民币
收支费用科目	660105 销售费用/办公费	人民币
现金折扣科目	6001 主营业务收入	人民币
税金科目	22210106 应交税费/应交增值税/销项税额	人民币
销售收入科目	6001 主营业务收入	人民币
销售退回科目	6001 主营业务收入	人民币
销售定金科目	220303 预收账款/销售定金	人民币

（2）产品科目设置。

产品科目见表4-9。

表4-9　产品科目

业务类型编码	业务类型名称	销售收入科目
04	销售受托代销货物（手续费）	220203 应付账款/受托代销
08	售后回购	224102 其他应付款/应付售后回购款
10	附退回条件销售（无法估计退货率）	220304 预收账款/附条件销售款

（3）结算方式科目设置。

结算方式科目见表4-10。

表4-10　结算方式科目

结算方式	币种	本单位账号	科目
现金	人民币	6828579603952213879	1001 库存现金
现金支票	人民币	6828579603952213879	10020101 锦州太和支行
转账支票	人民币	6828579603952213879	10020101 锦州太和支行
转账支票	人民币	863311239305	1002020101 人民币
转账支票	美元	863711235996	1002020102 美元
银行汇票	人民币	6828579603952213879	10020101 锦州太和支行
银行汇票	人民币	863311239305	1002020101 人民币
电汇	人民币	6828579603952213879	10020101 锦州太和支行
电汇	人民币	863311239305	1002020101 人民币
电汇	美元	863711235996	1002020102 美元
信汇	人民币	6828579603952213879	10020101 锦州太和支行
委托收款	人民币	6828579603952213879	10020101 锦州太和支行
托收承付	人民币	6828579603952213879	10020101 锦州太和支行
其他	人民币	6828579603952213879	10020101 锦州太和支行

（4）坏账准备设置：提取比率为0.5%，坏账准备期初余额为11639元，坏账准备科目为1231，对方科目为6702。

2. 录入应收系统期初余额

（1）根据表4-11录入期初应收账款对应的销售专用发票，业务员为销售部屈卫明。

表4-11　应收账款期初余额

开票日期	发票号	客户	科目	存货编码	数量	无税单价（元）	价税合计（元）
2022-11-03	58726310	锦州普惠	112201	12102	200	5 200	1 175 200.00
2022-11-26	58726311	青岛荣华	112201	11201	150	6 800	1 152 600.00

（2）根据表4-12录入期初应收票据，承兑银行为中国建设银行，业务员为销售部张壑芬。

表4-12　应收票据期初余额

单据类型	票据编号	开票单位	票据面值	科目	签发日期	收到日期	到期日
银行承兑汇票	62178329	北京嘉美	300 000.00	112101	2022-06-23	2022-06-25	2022-12-23
银行承兑汇票	52931780	盘锦福满	140 000.00	112101	2022-11-20	2022-11-23	2023-05-20

（3）根据表4-13录入期初预收账款对应的预收款单。

表4-13 预收账款期初余额

日期	客户	结算方式	金额	票号	部门	业务员
2022-11-29	保定隆祥	电汇	200 000.00	83925641	销售部	张崟芬

四、采购管理系统初始化

1. 录入期初采购入库单

2022年11月27日，采购部张佳伦从扬州瑞成购入笔记本电脑，如图4-1所示，商品全部验收合格并已入库，合同约定2022年12月1日开具增值税专用发票。采购类型为“正常采购”。

入库单

供应商：扬州瑞成　　2022年11月27日　　单号：RK11352

验收仓库	存货编码	存货名称	规格型号	单位	数量		单价	金额
					应收	实收		
1号仓库	11102	联想台式机	扬天M4000e	台	500	500	3 800.00	1 900 000.00
1号仓库	12101	联想笔记本	E41-25	台	200	200	3 900.00	780 000.00
1号仓库	12102	联想笔记本	E52	台	400	400	4 600.00	1 840 000.00
合　计								4 520 000.00

部门经理：略　　会计：略　　仓库：略　　经办人：略

图4-1 期初采购入库单

2. 录入受托代销期初采购入库单

2022年11月30日，采购部赵乾与沈阳冠月签订受托代销合同，代销商品全部验收合格并已入库，如图4-2所示。合同约定采用支付手续费方式由委托方委托受托方销售货物，代销货物的售价只能按照合同约定的价格销售。根据代销商品销售情况，每月18日双方依照代销清单结算货款，受托方按不含税售价的10%向委托方收取手续费。未销售完的商品可退回委托方。

入库单

供应商：沈阳冠月　　2022年11月30日　　单号：RK11353

验收仓库	存货编码	存货名称	规格型号	单位	数量		单价	金额
					应收	实收		
4号仓库	41101	爱普生针式打印机	LQ-610K	台	200	200	700.00	140 000.00
4号仓库	42101	佳能喷墨打印机	E568	台	600	600	500.00	300 000.00
4号仓库	42201	惠普喷墨打印机	DJ1111	台	300	300	300.00	90 000.00
4号仓库	43101	佳能激光打印机	LBP2900	台	400	400	900.00	360 000.00
4号仓库	43201	惠普激光打印机	M104w	台	500	500	600.00	300 000.00
合　计								1 190 000.00

部门经理：略　　会计：略　　仓库：略　　经办人：略

图4-2 期初采购入库单

3. 期初记账

对采购管理系统进行期初记账。

五、库存管理系统初始化

根据表4-14录入库存管理系统期初结存，入库类别为“采购入库”，部门为“采购部”。

表4-14　库存商品期初结存

仓库	存货	规格型号	单位	数量	单价（元）	金额（元）	存货科目
1号仓库	11101联想	天逸510S	台	1 300	4 000	5 200 000.00	1405库存商品
	11102联想	扬天M4000e	台	1 500	3 800	5 700 000.00	1405库存商品
	11201华硕	S340MC	台	1 600	4 500	7 200 000.00	1405库存商品
	11202华硕	M32CD	台	1 200	4 200	5 040 000.00	1405库存商品
	11301戴尔	成就3668	台	600	5 600	3 360 000.00	1405库存商品
	12101联想	E41-25	台	1 100	3 900	4 290 000.00	1405库存商品
	12102联想	E52	台	1 300	4 600	5 980 000.00	1405库存商品
	12201惠普	薄锐ENVY13	台	1 100	6 800	7 480 000.00	1405库存商品
	12202惠普	光影精灵3	台	900	6 200	5 580 000.00	1405库存商品
小计				10 600		49 830 000.00	
2号仓库	21101金士顿	32G	个	1 600	50	80 000.00	1405库存商品
	21102金士顿	64G	个	800	120	96 000.00	1405库存商品
	21103金士顿	128G	个	600	290	174 000.00	1405库存商品
	21201爱国者	64G	个	1 300	110	143 000.00	1405库存商品
	21301三星	32G	个	1 100	45	49 500.00	1405库存商品
	22101西部数据	1TB	个	1 200	380	456 000.00	1405库存商品
	22102西部数据	2TB	个	600	680	408 000.00	1405库存商品
	22201希捷	1TB	个	1 000	390	390 000.00	1405库存商品
	22202希捷	4TB	个	900	1 100	990 000.00	1405库存商品
小计				9 100		2 786 500.00	
3号仓库	30101华为	荣耀10	部	600	3 200	1 920 000.00	1405库存商品
	30102华为	麦芒6	部	900	2 800	2 520 000.00	1405库存商品
	30103华为	Mate10	部	800	3 500	2 800 000.00	1405库存商品
	30201OPPO	R15	部	600	2 100	1 260 000.00	1405库存商品
	30301小米	6X	部	500	1 800	900 000.00	1405库存商品
小计				3 400		9 400 000.00	
4号仓库	41101爱普生	LQ-610K	台	200	700	140 000.00	1321受托代销商品
	42101佳能	E568	台	600	500	300 000.00	1321受托代销商品
	42201惠普	DJ1111	台	300	300	90 000.00	1321受托代销商品
	43101佳能	LBP2900	台	400	900	360 000.00	1321受托代销商品
	43201惠普	M104w	台	500	600	300 000.00	1321受托代销商品
小计				2 000		1 190 000.00	
合　计				25 100		63 206 500.00	

六、存货核算系统初始化

1. 设置科目

（1）存货科目设置。

存货科目见表4-15。

表4-15 存货科目

存货分类	存货科目	分期收款发出商品科目	委托代销发出商品科目	直运科目
1电脑	1405库存商品	1406发出商品	1406发出商品	1402在途物资
2存储设备	1405库存商品	1406发出商品	1406发出商品	1402在途物资
3手机	1405库存商品	1406发出商品	1406发出商品	1402在途物资
4打印机	1321受托代销商品			
7包装物	141101包装物			

（2）对方科目设置。

对方科目见表4-16。

表4-16 对方科目

收发类别	对方科目	暂估科目
101采购入库	1402在途物资	220202暂估应付账款
10201视同买断	2314受托代销商品款	2314受托代销商品款
10202收取手续费	2314受托代销商品款	2314受托代销商品款
104非货币性资产交换入库	1402在途物资	
105债务重组入库	1402在途物资	
106以旧换新入库	1402在途物资	
107售后回购入库	1406发出商品	
109盘盈入库	190101待处理流动资产损溢	
110直运采购	1402在途物资	
11202内部调拨入库	1405库存商品	
113代管入库	1402在途物资	
201销售出库	6401主营业务成本	
202委托代销出库	6401主营业务成本	
20301视同买断	6401主营业务成本	
20302收取手续费	2314受托代销商品款	
204非货币性资产交换出库	6401主营业务成本	
205债务重组出库	6401主营业务成本	
206以旧换新出库	6401主营业务成本	
207售后回购出库	1406发出商品	
20801可以估计退货率	6401主营业务成本	
20802无法估计退货率	1406发出商品	
209盘亏出库	190101待处理流动资产损溢	
210直运销售	6401主营业务成本	
21101具有融资性质	6401主营业务成本	
21102不具有融资性质	6401主营业务成本	
21202内部调拨出库	1405库存商品	
213代管出库	6401主营业务成本	

2. 录入期初余额并记账

存货核算系统期初余额与库存管理系统期初结存数据一致，从库存管理系统取数至存货核算系统。对存货核算系统进行期初记账。

3. 跌价准备设置

设置第1、2、3、7大类存货的跌价准备科目为“1471存货跌价准备”，计提费用科目为“6701资产减值损失”。

七、固定资产系统初始化

1. 建立固定资产账套

启用月份：2022年12月；采用“平均年限法（一）”按月计提折旧；当（月初已计提月份=可使用月份-1）时，要求将剩余折旧全部提足；固定资产类别编码方式为1-1-1-2；固定资产编码方式：按“类别编号+序号”自动编码；卡片序号长度为4；与账务系统进行对账，并设置对账科目。

2. 设置系统控制参数

设置缺省入账科目：

固定资产：1601固定资产；累计折旧：1602累计折旧；减值准备：1603固定资产减值准备；增值税进项税额：22210101；固定资产清理：1606。

已注销的卡片10年后删除；卡片金额型数据显示千分位格式。

3. 设置部门及对应折旧科目

部门及对应折旧科目见表4-17。

表4-17　部门及对应折旧科目

部门	折旧科目
行政部/人事部/财务部/仓储部	660201管理费用/折旧费
采购部	660201管理费用/折旧费
销售部	660101销售费用/折旧费

4. 设置资产类别

资产类别见表4-18。

表4-18　资产类别

编码	类别名称	使用年限（年）	净残值率（%）	计提属性	折旧方法	卡片式样
1	房屋及建筑物	20	5	正常计提	平均年限法（一）	含税卡片样式
2	机器设备	10	5	正常计提	平均年限法（一）	含税卡片样式
3	运输工具	5	3	正常计提	平均年限法（一）	含税卡片样式
31	轿车	5	3	正常计提	平均年限法（一）	含税卡片样式
32	货车	5	3	正常计提	平均年限法（一）	含税卡片样式
4	办公设备	3	2	正常计提	平均年限法（一）	含税卡片样式
41	电脑	3	2	正常计提	平均年限法（一）	含税卡片样式
42	复印机	3	2	正常计提	平均年限法（一）	含税卡片样式
43	打印机	3	2	正常计提	平均年限法（一）	含税卡片样式

5. 设置增减方式对应入账科目

固定资产增减方式见表4-19。

表4-19 固定资产增减方式

增加方式	对应入账科目	减少方式	对应入账科目
直接购入	锦州太和支行（10020101）	出售	固定资产清理（1606）
投资者投入	实收资本（4001）	盘亏	待处理固定资产损溢（190102）
捐赠	营业外收入/捐赠利得（630102）	投资转出	固定资产清理（1606）
盘盈	以前年度损益调整（6901）	捐赠转出	固定资产清理（1606）
在建工程转入	在建工程（1604）	报废	固定资产清理（1606）
债务重组转入		债务重组转出	固定资产清理（1606）
		非货币性资产交换转出	
		转入投资性房地产	

6. 录入原始卡片

根据表4-20所提供的资料，录入2022年12月的原始卡片。多个部门使用的资产折旧费用平均分配，使用状况均为在用。除第1类资产的增加方式为“在建工程转入”外，其他类资产的增加方式均为“直接购入”。

表4-20 固定资产原始卡片

固定资产编号	固定资产名称	类别编号	使用部门	开始使用日期	原值	累计折旧
10001	综合楼	1	行政部、人事部、财务部、采购部、销售部	2021-03-25	8 500 000.00	680 000.00
10002	1号仓库	1	仓储部	2021-03-10	1 000 000.00	80 000.00
10003	2号仓库	1	仓储部	2021-03-12	1 000 000.00	80 000.00
10004	3号仓库	1	仓储部	2021-03-14	1 000 000.00	80 000.00
10005	4号仓库	1	仓储部	2021-03-16	1 000 000.00	80 000.00
10006	废旧品仓	1	仓储部	2021-03-18	1 000 000.00	80 000.00
310001	长城轿车	31	采购部、仓储部	2021-03-08	138 000.00	44 712.00
310002	奥迪轿车	31	人事部、财务部	2021-01-23	360 000.00	128 304.00
310003	中华轿车	31	销售部	2021-04-06	190 000.00	58 482.00
320001	长安厢式货车	32	采购部、销售部	2021-03-15	220 000.00	71 280.00
410001	联想台式机	41	行政部、人事部	2021-03-01	5 000.00	2 720.00
410002	联想台式机	41	财务部	2021-03-01	5 000.00	2 720.00
410003	联想台式机	41	采购部	2021-03-01	5 000.00	2 720.00
410004	联想台式机	41	销售部	2021-03-01	5 000.00	2 720.00
410005	联想台式机	41	仓储部	2021-03-01	5 000.00	2 720.00
420001	佳能复印机	42	行政部、人事部、财务部、采购部、销售部	2021-03-03	8 000.00	4 352.00
合计					14 441 000.00	1 400 730.00

八、薪资管理系统初始化

1. 建立工资账套

工资类别选择单个工资类别，从工资中代扣个人所得税，不扣零，其他参数采用系统默认。

2. 增加人员档案

人员档案见表4-21。

表4-21　人员档案

薪资部门名称	人员编号	人员姓名	人员类别	开户银行	银行账号
行政部	A01	杨正林	企业管理人员	中国工商银行	6315279086348601581
人事部	A02	于浩	企业管理人员	中国工商银行	6315279086348601582
财务部	W01	李春华	企业管理人员	中国工商银行	6315279086348601583
财务部	W02	王贺鑫	企业管理人员	中国工商银行	6315279086348601584
财务部	W03	赵艺丹	企业管理人员	中国工商银行	6315279086348601585
采购部	G01	张佳伦	采购人员	中国工商银行	6315279086348601586
采购部	G02	赵乾	采购人员	中国工商银行	6315279086348601587
销售部	X01	张滢芬	销售人员	中国工商银行	6315279086348601588
销售部	X02	屈卫明	销售人员	中国工商银行	6315279086348601589
仓储部	C01	于艳森	企业管理人员	中国工商银行	6315279086348601590

3. 增加工资项目

根据表4-22增加工资项目（工资项目按照增项、减项、其它顺序排序）。

表4-22　工资项目

工资项目名称	类型	长度	小数	增减项
基本工资	数字	8	2	增项
岗位工资	数字	8	2	
奖金	数字	8	2	
交通补贴	数字	8	2	
工龄津贴	数字	8	2	
加班津贴	数字	8	2	
非货币性福利	数字	8	2	
病假扣款	数字	8	2	减项
事假扣款	数字	8	2	
个人养老保险	数字	8	2	
个人医疗保险	数字	8	2	
个人失业保险	数字	8	2	
个人住房公积金	数字	8	2	
上月累计预扣预缴税款	数字	8	2	

续表

工资项目名称	类型	长度	小数	增减项
企业养老保险	数字	8	2	其它
企业医疗保险	数字	8	2	
企业失业保险	数字	8	2	
企业工伤保险	数字	8	2	
企业生育保险	数字	8	2	
企业住房公积金	数字	8	2	
五险一金工资基数	数字	8	2	
应付工资	数字	10	2	
累计应付工资	数字	10	2	
累计减除费用	数字	8	2	
累计专项附加扣除	数字	8	2	
累计预扣预缴应纳税所得额	数字	8	2	
日工资	数字	8	2	
加班天数	数字	8	1	
病假天数	数字	8	1	
事假天数	数字	8	1	

4. 扣税设置

按照累计预扣法，设置征税依据为“累计预扣预缴应纳税所得额”工资项，将税率表中的“基数”“附加费用”暂设为0。根据表4-23将税率表调整为预扣率表。

表4-23 个人所得税预扣率表（居民个人工资、薪金所得预扣预缴适用）

级数	累计预扣预缴应纳税所得额	预扣率（%）	速算扣除数（元）
1	不超过36 000元的	3	0
2	超过36 000元至144 000元的部分	10	2 520
3	超过144 000元至300 000元的部分	20	16 920
4	超过300 000元至420 000元的部分	25	31 920
5	超过420 000元至660 000元的部分	30	52 920
6	超过660 000元至960 000元的部分	35	85 920
7	超过960 000元的部分	45	181 920

5. 部分工资项目的计算公式

（1）设置常规公式。

工资项目的常规公式见表4-24。

表4-24 工资项目的常规公式

序号	工资项目名称	计算公式
1	日工资	（基本工资+岗位工资）/21
2	加班津贴	日工资*加班天数*2
3	事假扣款	日工资/2*事假天数
4	个人养老保险	五险一金工资基数*0.08
5	个人医疗保险	五险一金工资基数*0.02
6	个人失业保险	五险一金工资基数*0.01
7	个人住房公积金	五险一金工资基数*0.1

续表

序号	工资项目名称	计算公式
8	企业养老保险	五险一金工资基数*0.12
9	企业医疗保险	五险一金工资基数*0.08
10	企业失业保险	五险一金工资基数*0.02
11	企业工伤保险	五险一金工资基数*0.005
12	企业生育保险	五险一金工资基数*0.0085
13	企业住房公积金	五险一金工资基数*0.1
14	五险一金工资基数	3000
15	应付工资	基本工资+岗位工资+奖金+交通补贴+工龄津贴+加班津贴+非货币性福利−病假扣款−事假扣款
16	累计减除费用	5000*month()
17	累计专项附加扣除	2000*month()
18	累计预扣预缴应纳税所得额	累计应付工资−累计减除费用−(个人养老保险+个人医疗保险+个人失业保险+个人住房公积金)*month()−累计专项附加扣除

（2）设置iff函数公式。

工资项目的iff函数公式见表4−25。

表4−25　**工资项目的iff函数公式**

序号	工资项目名称	计算公式
1	岗位工资	企业管理人员的岗位工资为500元，采购人员的岗位工资为400元，销售人员的岗位工资为300元
2	交通补贴	企业管理人员的交通补贴为200元，其他人员类别的交通补贴为150元
3	病假扣款	如果病假天数<=2天，病假扣款=日工资*病假天数*0.2； 如果病假天数>2天且<=7天，病假扣款=日工资*病假天数*0.4； 如果病假天数>7天，病假扣款=日工资*病假天数

6. 录入工资基础数据

根据表4−26在工资变动表中录入工资基础数据。

表4−26　**工资基础数据**

人员编号	人员姓名	行政部门	基本工资	工龄津贴	上月累计预扣预缴税款（1−11月）
A01	杨正林	行政部	10 000.00	2 000.00	−3 057.00
A02	于浩	人事部	3 200.00	1 200.00	
W01	李春华	财务部	9 800.00	1 600.00	−2 397.00
W02	王贺鑫	财务部	4 000.00	1 800.00	
W03	赵艺丹	财务部	3 200.00	1 900.00	
G01	张佳伦	采购部	8 500.00	1 100.00	−831.60
G02	赵乾	采购部	3 700.00	1 700.00	
X01	张滏芬	销售部	9 500.00	1 500.00	−1 682.00
X02	屈卫明	销售部	4 000.00	1 300.00	
C01	于艳森	仓储部	3 200.00	1 000.00	
合　计			59 100.00	15 100.00	−7 967.60

7.设置工资分摊类型

（1）根据表4-27设置计提工资的分摊类型。

表4-27

计提工资

部门名称	人员类别	工资项目	借方科目	贷方科目
行政部、人事部 财务部、仓储部	企业管理人员	应付工资	管理费用/职工薪酬（660202）	应付职工薪酬/工资（221101）
销售部	销售人员		销售费用/职工薪酬（660102）	
采购部	采购人员		管理费用/职工薪酬（660202）	

（2）根据表4-28设置代扣个人所得税的分摊类型。

表4-28

代扣个人所得税

部门名称	人员类别	工资项目	借方科目	贷方科目
行政部、人事部 财务部、仓储部	企业管理人员	代扣税	应付职工薪酬/工资（221101）	应交税费/应交个人所得税（222123）
销售部	销售人员		应付职工薪酬/工资（221101）	
采购部	采购人员		应付职工薪酬/工资（221101）	
行政部、人事部 财务部、仓储部	企业管理人员	上月累计预扣预缴税款	应付职工薪酬/工资（221101）	
销售部	销售人员		应付职工薪酬/工资（221101）	
采购部	采购人员		应付职工薪酬/工资（221101）	

（3）根据表4-29设置代扣职工负担的三险一金分摊类型。

表4-29

代扣职工负担的三险一金

部门名称	人员类别	工资项目	借方科目	贷方科目
行政部、人事部 财务部、仓储部	企业管理人员	个人医疗保险	应付职工薪酬/工资（221101）	其他应付款/代扣职工三险一金/代扣医疗保险（22410101）
销售部	销售人员		应付职工薪酬/工资（221101）	
采购部	采购人员		应付职工薪酬/工资（221101）	
行政部、人事部 财务部、仓储部	企业管理人员	个人养老保险	应付职工薪酬/工资（221101）	其他应付款/代扣职工三险一金/代扣养老保险（22410102）
销售部	销售人员		应付职工薪酬/工资（221101）	
采购部	采购人员		应付职工薪酬/工资（221101）	
行政部、人事部 财务部、仓储部	企业管理人员	个人失业保险	应付职工薪酬/工资（221101）	其他应付款/代扣职工三险一金/代扣失业保险（22410103）
销售部	销售人员		应付职工薪酬/工资（221101）	
采购部	采购人员		应付职工薪酬/工资（221101）	
行政部、人事部 财务部、仓储部	企业管理人员	个人住房公积金	应付职工薪酬/工资（221101）	其他应付款/代扣职工三险一金/代扣住房公积金（22410104）
销售部	销售人员		应付职工薪酬/工资（221101）	
采购部	采购人员		应付职工薪酬/工资（221101）	

（4）根据表4-30设置计提企业负担的五险一金的分摊类型。

表4-30 计提企业负担的五险一金

部门名称	人员类别	工资项目	借方科目	贷方科目
行政部、人事部 财务部、仓储部	企业管理人员	企业医疗保险	管理费用/职工薪酬（660202）	应付职工薪酬/社会保险费/基本医疗保险费（22110201）
销售部	销售人员		销售费用/职工薪酬（660102）	
采购部	采购人员		管理费用/职工薪酬（660202）	
行政部、人事部 财务部、仓储部	企业管理人员	企业养老保险	管理费用/职工薪酬（660202）	应付职工薪酬/设定提存计划/基本养老保险费（22110301）
销售部	销售人员		销售费用/职工薪酬（660102）	
采购部	采购人员		管理费用/职工薪酬（660202）	
行政部、人事部 财务部、仓储部	企业管理人员	企业失业保险	管理费用/职工薪酬（660202）	应付职工薪酬/设定提存计划/失业保险费（22110302）
销售部	销售人员		销售费用/职工薪酬（660102）	
采购部	采购人员		管理费用/职工薪酬（660202）	
行政部、人事部 财务部、仓储部	企业管理人员	企业工伤保险	管理费用/职工薪酬（660202）	应付职工薪酬/社会保险费/工伤保险费（22110202）
销售部	销售人员		销售费用/职工薪酬（660102）	
采购部	采购人员		管理费用/职工薪酬（660202）	
行政部、人事部 财务部、仓储部	企业管理人员	企业生育保险	管理费用/职工薪酬（660202）	应付职工薪酬/社会保险费/生育保险费（22110203）
销售部	销售人员		销售费用/职工薪酬（660102）	
采购部	采购人员		管理费用/职工薪酬（660202）	
行政部、人事部 财务部、仓储部	企业管理人员	企业住房公积金	管理费用/职工薪酬（660202）	应付职工薪酬/住房公积金（221104）
销售部	销售人员		销售费用/职工薪酬（660102）	
采购部	采购人员		管理费用/职工薪酬（660202）	

（5）根据表4-31设置计提工会经费的分摊类型。

表4-31 计提工会经费（分摊计提比例2%）

部门名称	人员类别	工资项目	借方科目	贷方科目
行政部、人事部 财务部、仓储部	企业管理人员	应付工资	管理费用/职工薪酬（660202）	应付职工薪酬/工会经费（221105）
销售部	销售人员		销售费用/职工薪酬（660102）	
采购部	采购人员		管理费用/职工薪酬（660202）	

九、总账系统初始化

1. 月初总账系统期初余额

根据表4-32录入总账系统期初余额。录入完毕，进行试算平衡。

表4-32 总账系统期初余额

会计科目	方向	辅助核算	对账系统	期初余额
库存现金	借			7 900.00
银行存款/中国工商银行/锦州太和支行	借			62 885 079.50
银行存款/中国银行/锦州太和支行/人民币	借			9 846 375.80
银行存款/中国银行/锦州太和支行/美元	借	外币核算		5 025 000.00 USD 750 000.00
其他货币资金/存出投资款	借			1 000 000.00
交易性金融资产/成本	借	项目核算 （神宇股份）		200 000.00 10 000（股）
应收票据/人民币	借	客户往来	应收系统	440 000.00
应收账款/人民币	借	客户往来	应收系统	2 327 800.00
预付账款	借	供应商往来	应付系统	1 000 000.00
其他应收款/个人往来	借	个人往来		55 600.00
坏账准备	贷		应收系统	11 639.00
受托代销商品	借		存货核算	1 190 000.00
库存商品	借		存货核算	62 016 500.00
固定资产	借		固定资产	14 441 000.00
累计折旧	贷		固定资产	1 400 730.00
递延所得税资产	借			2 909.75
应付票据	贷	供应商往来	应付系统	980 000.00
应付账款/一般应付账款	贷	供应商往来	应付系统	4 214 900.00
应付账款/暂估应付账款	贷	供应商往来 （扬州瑞成）		4 520 000.00 2022-11-27
预收账款/一般人民币预收账款	贷	客户往来	应收系统	200 000.00
应付职工薪酬/工资	贷			74 100.00
应付职工薪酬/社会保险费/基本医疗保险费	贷			2 400.00
应付职工薪酬/社会保险费/工伤保险费	贷			150.00
应付职工薪酬/社会保险费/生育保险费	贷			255.00
应付职工薪酬/设定提存计划/基本养老保险费	贷			3 600.00
应付职工薪酬/设定提存计划/失业保险费	贷			600.00
应付职工薪酬/住房公积金	贷			3 000.00
应付职工薪酬/工会经费	贷			1 608.00
应交税费/未交增值税	贷			752 698.10
应交税费/应交企业所得税	贷			-8 180 000.00
应交税费/应交个人所得税	贷			1 411.60
应交税费/应交城市维护建设税	贷			52 688.88
应交税费/应交教育费附加	贷			22 580.94
应交税费/应交地方教育附加	贷			15 053.96

续表

会计科目	方向	辅助核算	对账系统	期初余额
应付利息	贷			440 000.00
其他应付款/代扣职工三险一金/代扣医疗保险	贷			600.00
其他应付款/代扣职工三险一金/代扣养老保险	贷			2 400.00
其他应付款/代扣职工三险一金/代扣失业保险	贷			300.00
其他应付款/代扣职工三险一金/代扣住房公积金	贷			3 000.00
受托代销商品款	贷	供应商往来（沈阳冠月）		1 190 000.00 2022-11-30
长期借款	贷			8 000 000.00
实收资本	贷			20 000 000.00
盈余公积/法定盈余公积	贷			2 891 956.30
本年利润	贷			40 881 768.82
利润分配/未分配利润	贷			82 950 724.45

“其他应收款/个人往来”期初余额明细见表4-33。

表4-33　“其他应收款/个人往来”期初余额

日期	部门	个人	摘要	金额
2022-11-05	采购部	张佳伦	期初余额	10 000.00
2022-11-26	采购部	赵乾	期初余额	13 000.00
2022-11-17	销售部	张蓥芬	期初余额	20 000.00
2022-10-28	销售部	屈卫明	期初余额	12 600.00
合　计				55 600.00

2. 根据表4-34进行自定义转账设置。

表4-34　自定义转账设置

转账序号	摘要	科目编码	方向	金额公式
0001	计提长期借款利息	660301	借	QM(2501,月)*0.06/12
		2231	贷	JG()
0002	结转本月应交未交增值税	22210105	借	QM(222101,月)
		222102	贷	JG()
0003	计提应交城建税、教育费附加和地方教育附加	6403	借	JG()
		222124	贷	(FS(222102,月,贷)+FS(222107,月,贷))*0.07
		222125	贷	(FS(222102,月,贷)+FS(222107,月,贷))*0.03
		222126	贷	(FS(222102,月,贷)+FS(222107,月,贷))*0.02
0004	计提本月企业所得税	680101	借	(FS(4103,月,贷)-FS(4103,月,借))*0.25
		222122	贷	JG()
0005	提取法定盈余公积	410401	借	QM(4103,月)*0.1
		410101	贷	JG()
0006	向投资者分配利润	410403	借	QM(4103,月)*0.3
		2232	贷	JG()
0007	结转本年实现的净利润	4103	借	QM(4103,月)
		410409	贷	JG()
0008	结转利润分配明细科目	410409	借	JG()
		410401	贷	FS(410401,月,借)
		410403	贷	FS(410403,月,借)

第五章　业财一体信息化综合实训

业务1　12月1日，收到上月27日从扬州瑞成购买商品的增值税专用发票，当日支付全部货款。

附件1 1/3

江苏增值税专用发票

发票联

№29670183　032001900105 29670183

032001900105　　开票日期：2022年12月1日

购买方	名　　称：辽宁中创商贸有限公司 纳税人识别号：91210600152387926T 地 址 、电 话：辽宁省锦州市太和区翠园街689号　0416-8311565 开户行及账号：中国工商银行锦州太和支行　6828579603952213879					密码区	>500>**<-5701791<52081/7571 />40162-<8+/268+6>7>9850415 22*096701><21*-2+1>64100-45 /*057862241*64444051<7278+>	
货物或应税劳务、服务名称	规格型号	单位	数量	单价	金额		税率	税额
*电脑*联想台式机	扬天M4000e	台	500	3 800.00	1 900 000.00		13%	247 000.00
*电脑*联想笔记本	E41-25	台	200	3 850.00	770 000.00		13%	100 100.00
*电脑*联想笔记本	E52	台	400	4 500.00	1 800 000.00		13%	234 000.00
合　计					¥4 470 000.00			¥581 100.00
价税合计（大写）	⊗伍佰零伍万壹仟壹佰元整				（小写）¥5 051 100.00			
销售方	名　　称：扬州瑞成商贸有限公司 纳税人识别号：91321002635175258H 地 址 、电 话：江苏省扬州市广陵区马连道3号　0514-89375136 开户行及账号：交通银行扬州广陵支行　115609378134511981265					备注	扬州瑞成商贸有限公司 91321002635175258H 发票专用章	

收款人：张文娟　　复核：刘浩然　　开票人：何玉迪　　销售方（章）

税总函〔2022〕335号北京印钞厂

第三联　发票联　购买方记账凭证

附件1 2/3

付款申请书

2022年12月1日

用途及情况	金　额											收款单位（人）：扬州瑞成商贸有限公司			
支付货款	亿	千	百	十	万	千	百	十	元	角	分	账　号：115609378134511981265			
		¥	5	0	5	1	1	0	0	0	0	开户行：交通银行扬州广陵支行			
金额（大写）合计	人民币伍佰零伍万壹仟壹佰元整											支票□　汇票□　本票□　电汇☑　其他□			
总经理	杨正林	财务部门	经理	李春华								业务部门	经　理	张佳伦	
			会计	王贺鑫									经办人	张佳伦	

附件1 3/3

ICBC 中国工商银行电汇凭证（回单）　1　38675921

☑普通　□加急　　委托日期2022年12月1日

汇款人	全　称：辽宁中创商贸有限公司	收款人	全　称：扬州瑞成商贸有限公司	
	账　号：6828579603952213879		账　号：115609378134511981265	
	开户银行：中国工商银行锦州太和支行		开户银行：交通银行扬州广陵支行	
金额	人民币（大写）伍佰零伍万壹仟壹佰元整		亿 千 百 十 万 千 百 十 元 角 分	
			¥ 5 0 5 1 1 0 0 0 0	
	中国工商银行锦州太和支行 2022.12.01 转讫（6）		支付密码	
			附加信息及用途：货款	
	汇入行签章		复核　　记账	

此联为汇出行给汇款人的回单

业务2　12月1日，销售部张滢芬与北京聚鑫签订购销合同。

业务2

附件2

购销合同

合同编号：XS12001

卖方：辽宁中创商贸有限公司

买方：北京聚鑫百货有限公司

为保护买卖双方的合法权益，根据《中华人民共和国民法典》的有关规定，买卖双方经友好协商，一致同意签订本合同，并共同遵守合同约定。

一、货物的名称、数量及金额：

货物名称	规格型号	计量单位	数量	单价（不含税）	金额（不含税）	税率	税额
戴尔台式机	成就3668	台	100	6 300.00	630 000.00	13%	81 900.00
合　计					¥630 000.00		¥81 900.00

二、合同总金额：人民币柒拾壹万壹仟玖佰元整（¥711 900.00）。

三、卖方于12月10日前发出40%商品并开具对应的增值税专用发票，于12月21日前发出剩余60%商品并开具对应的增值税专用发票。付款条件：4/10，2/20，n/30（按不含税价款计算）。结算方式：电汇。

四、交货地点：辽宁中创商贸有限公司。

五、发运方式与运输费用承担方式：由卖方发货，买方承担运输费用。

卖　　方：辽宁中创商贸有限公司　　　买　　方：北京聚鑫百货有限公司

授权代表：张滢芬　　　授权代表：刘婉婷

日　　期：2022年12月1日　　　日　　期：2022年12月1日

业务3　12月1日，从上海证券交易所购入东方公司同日发行的2年期公司债券，票面月利率为1%，债券按月计息，每月利息于下月初支付，本金在债券到期时一次性偿还。公司实际支付价款1 950 000元，并将该债券划分为债权投资。（注：（P/A，2%，24）=18.9139；（P / F，2%，24）=0.6217。实际利率计算结果百分号前保留两位小数）

业务3

附件3 1/3

有价证券代保管单

2022年12月1日

申请保管人	辽宁中创商贸有限公司	电话	0416-8311565	保管明细表		
面值总额	（大写）贰佰万元整	亿 千 百 十 万 千 百 十 元 角 分	¥ 2 0 0 0 0 0 0 0 0	名称	张数	面值
保管期限	2022年12月1日至2024年12月1日			东方公司	2 000	1 000
保管费率		保管费				

备注
1.一年为一个保管期限，不足一年按一年收费，逾期不足一年按一年计算。
2.本保管单不得流通、抵押、转让。
3.“名称”栏内应注明何种债券及具体发债单位。
4.提取证券时凭身份证办理。

受托单位：辽宁信托股份有限公司
（盖章）

经办员：（盖章）
复核员：（盖章）

附件3 2/3

付款申请书

2022年12月1日

用途及情况	金额	收款单位（人）：辽宁信托股份有限公司
购买东方公司债券	亿 千 百 十 万 千 百 十 元 角 分	账　号：2366592788926l6265492
	¥ 1 9 5 0 0 0 0 0 0	开户行：交通银行锦州古塔支行
金额（大写）合计	人民币壹佰玖拾伍万元整	支票☑　汇票☐　本票☐　电汇☐　其他☐

总经理	杨正林	财务部门	经理	李春华	业务部门	经　理	李春华
			会计	王贺鑫		经办人	赵艺丹

附件 3$\frac{3}{3}$

中国银行
转账支票存根
21005916
20389011
附加信息

出票日期：2022年12月1日

收 款 人：	辽宁信托股份有限公司
金　　额：	¥1 950 000.00
用　　途：	支付债券款

单位主管：杨正林　　会计：王贺鑫

西安西钞证券印制有限公司·2022年印制

（印章：辽宁中创商贸……财务专……）

业务 4　12月1日，采购部张佳伦与北京宏远签订购销合同。

业务 4

附件 4

购销合同

合同编号：CG12001

卖方：北京宏远商贸有限公司
买方：辽宁中创商贸有限公司

为保护买卖双方的合法权益，根据《中华人民共和国民法典》的有关规定，买卖双方经友好协商，一致同意签订本合同，并共同遵守合同约定。

一、货物的名称、数量及金额：

货物名称	规格型号	计量单位	数量	单价（不含税）	金额（不含税）	税率	税额
华硕台式机	S340MC	台	500	4 400.00	2 200 000.00	13%	286 000.00
金士顿U盘	64G	个	500	110.00	55 000.00	13%	7 150.00
合　计					¥2 255 000.00		¥293 150.00

二、合同总金额：人民币贰佰伍拾肆万捌仟壹佰伍拾元整（¥2 548 150.00）。

三、卖方于12月3日前交付两种商品各40%，12月5日前交付剩余的60%商品。全部货物买方验收合格后支付全部货款。

四、交货地点：辽宁中创商贸有限公司。

五、发运方式与运输费用承担方式：由卖方发货，运输费用由卖方承担。

卖　　方：北京宏远商贸有限公司（印章：北京宏远商贸有限公司 合同专用章）（王宏玥印）
授权代表：陈园园
日　　期：2022年12月1日

买　　方：辽宁中创商贸有限公司（印章：辽宁中创商贸有限公司 合同专用章）（王梅晓印）
授权代表：张佳伦
日　　期：2022年12月1日

业务5　12月2日，借入流动资金借款。

附件5

ICBC 中国工商银行借款凭证

2022年12月2日　　　　　　　　第65号

借款人	辽宁中创商贸有限公司	贷款账号	6828579603955763368	存款账号	6828579603952213879
贷款金额	人民币（大写）捌拾万元整			亿千百十万千百十元角分	¥80000000
用途	流动资金周转	期限	约定还款日期	2023年6月2日	
		6个月	贷款利率 1.3%（年）	合同编码	69967

上列贷款已转入借款人指定的账户。

中国工商银行锦州太和支行 2022.12.02 转讫 (9)

复核　　　　记账

第一联 回单

业务6　12月2日，采购部赵乾与广州鑫达签订购销合同。

附件6

购销合同

合同编号：CG12002

卖方：广州鑫达商贸有限公司

买方：辽宁中创商贸有限公司

为保护买卖双方的合法权益，根据《中华人民共和国民法典》的有关规定，买卖双方经友好协商，一致同意签订本合同，并共同遵守合同约定。

一、货物的名称、数量及金额：

货物名称	规格型号	计量单位	数量	单价（不含税）	金额（不含税）	税率	税额
包装箱	中号	个	8 000	90.00	720 000.00	13%	93 600.00
合　计					¥720 000.00		¥93 600.00

二、合同总金额：人民币捌拾壹万叁仟陆佰元整（¥813 600.00）。

三、卖方于12月10日前交付货物，并于2023年1月15日前开具增值税专用发票。买方于本月底前结清前欠货款（不含本合同）及本合同代垫运费。结算方式：电汇。

四、交货地点：辽宁中创商贸有限公司。

五、发运方式与运输费用承担方式：由卖方发货并垫付运输费用。

卖　方：广州鑫达商贸有限公司（广州鑫达商贸有限公司 合同专用章）（张达丽印）

授权代表：盖学博

日　期：2022年12月2日

买　方：辽宁中创商贸有限公司（辽宁中创商贸有限公司 合同专用章）（王梅晓印）

授权代表：赵乾

日　期：2022年12月2日

业务7　12月2日，向红十字会捐款。

附件7 $\frac{1}{3}$

公益事业捐赠统一票据

2022年12月2日

捐赠人：辽宁中创商贸有限公司

捐赠项目	实物（外币）种类	数量	金额
博爱助学金	人民币		300 000.00
金额合计（小写）			¥300 000.00
金额合计（大写）人民币叁拾万元整			

接受单位（盖章）（中国红十字会锦州分会 财务专用章）　　复核人：黄苹　　开票人：李美

第二联 收据

附件7 2/3

付款申请书

2022年12月2日

用途及情况	金额											收款单位（人）：中国红十字会锦州分会
捐款	亿	千	百	十	万	千	百	十	元	角	分	账　号：836859258843716400358
			¥	3	0	0	0	0	0	0	0	开户行：交通银行锦州云飞支行
金额（大写）合计	人民币叁拾万元整											支票☑　汇票☐　本票☐　电汇☐　其他☐

总经理	杨正林	财务部门	经理	李春华	业务部门	经　理	李春华
			会计	王贺鑫		经办人	赵艺丹

附件7 3/3

中国银行

转账支票存根

21005916

20389012

附加信息

出票日期：2022年12月2日

收款人：	中国红十字会锦州分会
金　额：	¥300 000.00
用　途：	捐款

单位主管：杨正林　　会计：王贺鑫

西安西钞证券印制有限公司·2022年印制

业务8　12月2日，销售部屈卫明与天津惠阳签订分期收款销售合同，当天发出全部商品。(不具有融资性质)

业务8

附件8 1/2

购销合同

合同编号：FQ12001

卖方：辽宁中创商贸有限公司

买方：天津惠阳商贸有限公司

为保护买卖双方的合法权益，根据《中华人民共和国民法典》的有关规定，买卖双方经友好协商，一致同意签订本合同，并共同遵守合同约定。

一、货物的名称、数量及金额：

货物名称	规格型号	计量单位	数量	单价（不含税）	金额（不含税）	税率	税额
华为手机	麦芒6	部	300	3 600.00	1 080 000.00	13%	140 400.00
合计					¥1 080 000.00		¥140 400.00

二、合同总金额：人民币壹佰贰拾贰万零肆佰元整（¥1 220 400.00）。

三、签订合同当日，卖方发出全部商品。买方分期向卖方支付货款。自本月起，每月末支付货款，分三期支付，逾期未付，视为买方违约。至付清所有合同款项前，卖方按买方未付款项与合同总价款的比例保留对合同标的物的所有权。

四、交货地点：辽宁中创商贸有限公司。

五、发运方式与运输费用承担方式：由卖方发货，买方承担运输费用。

卖　　方：辽宁中创商贸有限公司　　　　买　　方：天津惠阳商贸有限公司

授权代表：屈卫明　　　　　　　　　　　授权代表：佟静谊

日　　期：2022年12月2日　　　　　　　日　　期：2022年12月2日

附件 $8\frac{2}{2}$

出 库 单

客户：天津惠阳　　　　2022年12月2日　　　　单号：CK12001

发货仓库	存货编码	存货名称	规格型号	单位	数量 应发	数量 实发	单价	金额
3号仓库	30102	华为手机	麦芒6	部	300	300		
合　计								

部门经理：略　　会计：略　　仓库：略　　经办人：略

业务9　12月2日，向证券账户转入投资资金。

附件 $9\frac{1}{2}$

付款申请书

2022年12月2日

用途及情况	金额 亿	千	百	十	万	千	百	十	元	角	分	收款单位（人）：公司证券资金账户
向证券账户转入资金												账　号：88063999
			¥	2	5	0	0	0	0	0	0	开户行：
金额（大写）合计	人民币贰拾伍万元整											支票☐　汇票☐　本票☐　电汇☐　其他☑

总经理	杨正林	财务部门	经理	李春华	业务部门	经　理	李春华
			会计	王智鑫		经办人	赵艺丹

附件 $9\frac{2}{2}$

中国工商银行银证转账回单

2022年12月2日

客户名称	辽宁中创商贸有限公司	证券公司名称	海鑫证券有限责任公司	券商代码	
开户银行	中国工商银行锦州太和支行	证券公司营业部	海鑫证券公司锦州疏华路营业部	证券机构号	
注册账户	6828579603952213879	证券资金账号	88063999		
银行结算账户余额	1 250 000.00				
转账金额	250 000.00				
转账金额（大写）	人民币贰拾伍万元整				

中国工商银行锦州太和支行
2022.12.02
转讫
(9)

业务10　12月3日，收到北京宏远根据CG12001号合同发来的第一批货物，其中，华硕台式机发生合理损耗1台。

附件 $10\frac{1}{2}$

入 库 单

供应商：北京宏远　　　　2022年12月3日　　　　单号：RK12001

验收仓库	存货编码	存货名称	规格型号	单位	数量 应收	数量 实收	单价	金额
1号仓库	11201	华硕台式机	S340MC	台	200	199		
合　计								

部门经理：略　　会计：略　　仓库：略　　经办人：略

业务9

业务10

附件 10 $\frac{2}{2}$

入 库 单

供应商：北京宏远　　2022 年 12 月 3 日　　单号：RK12002

验收仓库	存货编码	存货名称	规格型号	单位	数量		单价	金额
					应收	实收		
2号仓库	21102	金士顿U盘	64G	个	200	200		
合　计								

部门经理：略　　会计：略　　仓库：略　　经办人：略

业务 11　12月3日，报销办公费。

业务 11

附件 11 $\frac{1}{3}$

报 销 单

填报日期：2022 年 12 月 3 日　　单据及附件共 2 张

姓名	张佳伦	所属部门	采购部	报销形式	
				支票号码	

报销项目	摘 要	金 额	备注：
A4打印纸	报销办公费	3 796.80	
中性笔	报销办公费	226.00	
合　计		¥4 022.80	

金额大写：肆仟零贰拾贰元捌角整	原借支：10 000.00 元	应退款：5 977.20 元 应补款：

现金收讫

总经理：杨正林　　财务经理：李春华　　出纳：赵艺丹　　报销人：张佳伦

附件 11 $\frac{2}{3}$

辽宁增值税专用发票

发票联

№19583320　　021001900105　19583320

021001900105

开票日期：2022 年 12 月 3 日

购买方	名　　称：辽宁中创商贸有限公司 纳税人识别号：91210600152387926T 地 址 、电 话：辽宁省锦州市太和区翠园街689号　0416-8311565 开户行及账号：中国工商银行锦州太和支行　6828579603952213879	密码区	+>15511-29706><*-872783<29* >35*/90003673103359774097*5 1-72014<5>681>3814*3+7+8286> 032/>?0?6+-*7<718125<117>32

货物或应税劳务、服务名称	规格型号	单位	数量	单价	金额	税率	税额
*办公用品*A4打印纸		箱	12	280.00	3 360.00	13%	436.80
*办公用品*中性笔		支	200	1.00	200.00	13%	26.00
合　计					¥3 560.00		¥462.80
价税合计（大写）	⊗肆仟零贰拾贰元捌角整				（小写）¥4 022.80		

销售方	名　　称：锦州嘉德办公用品有限公司 纳税人识别号：9121060068283161XK 地 址 、电 话：辽宁省锦州市太和区友好街5号　0416-5592563 开户行及账号：锦州银行天马支行　410100628279796	备注	锦州嘉德办公用品有限公司 9121060068283161XK 发票专用章

收款人：荣耀　　复核：宋新宇　　开票人：陈大斌　　销售方（章）

第三联　发票联　购买方记账凭证

税总函〔2022〕335号北京印钞厂

附件11 3/3

办公费用分配表

日期：2022年12月3日　　　　金额单位：元

受益对象	耗用量（人）	分配率	分配金额
行政部	1		
人事部	1		
财务部	3		
采购部	2		
销售部	2		
仓储部	1		
合计	10		

审核：李春华　　　　制表：王贺鑫

业务12　12月3日，购买办公楼。（固定资产系统处理）

业务12

附件12 1/4

辽宁增值税专用发票

发票联

№86910603　021001900105 86910603

021001900105　　开票日期：2022年12月3日

购买方	名　　称：辽宁中创商贸有限公司 纳税人识别号：91210600152387926T 地 址 、 电 话：辽宁省锦州市太和区翠园街689号　0416-8311565 开户行及账号：中国工商银行锦州太和支行　6828579603952213879				密码区	5-7*<84<617>375<53>3/7*3514 /6433<67/86>-144229<249/23- 534016358+0446>41*+5>103875 01>4165->3*0+3*42257*5+54>1	
货物或应税劳务、服务名称	规格型号	单位	数量	单价	金额	税率	税额
*不动产*办公楼		平方米	1 000	5 800.00	5 800 000.00	9%	522 000.00
合　计					¥5 800 000.00		¥522 000.00
价税合计（大写）	⊗陆佰叁拾贰万贰仟元整				（小写）¥6 322 000.00		
销售方	名　　称：锦州宝鼎房地产开发公司 纳税人识别号：91210600725638382B 地 址 、 电 话：辽宁省锦州市太和区友好街18号 0416-3036666 开户行及账号：锦州银行天马支行 410100396196708				备注	锦州宝鼎房地产开发公司 91210600725638382B 发票专用章	

收款人：王喆　　复核：宋润波　　开票人：陈丽丹　　销售方（章）

第三联 发票联 购买方记账凭证

税总函〔2022〕335号北京印钞厂

附件12 2/4

固定资产交接（验收）单

固定资产类别：房屋及建筑物

固定资产名称	2#办公楼	规格型号		供应商	宝鼎房地产	取得方式	直接购入
原值	5 800 000.00	安装费		预计使用年限	20年	验收日期	2022-12-03
折旧方法	平均年限法			预计净残值率	5%	开始使用日期	2022-12-03
移交单位	采购部	移交人	张佳伦	使用部门	财务部	负责人	李春华
验收意见	符合规定质量标准，验收合格。 负责人：杨正林 2022年12月3日						

附件12$\frac{3}{4}$

付款申请书

2022年12月3日

用途及情况	金　额										收款单位（人）：锦州宝鼎房地产开发公司	
购买办公楼	亿	千	百	十	万	千	百	十	元	角	分	账　号：410100396196708
		¥	6	3	2	2	0	0	0	0	0	开户行：锦州银行天马支行
金额（大写）合计	人民币陆佰叁拾贰万贰仟元整											支票☑ 汇票☐ 本票☐ 电汇☐ 其他☐

总经理	杨正林	财务部门	经理	李春华	业务部门	经　理	张佳伦
			会计	王贺鑫		经办人	张佳伦

附件12$\frac{4}{4}$

ICBC 中国工商银行

转账支票存根

21003365

24115315

附加信息

出票日期：2022年12月3日

收 款 人：锦州宝鼎房地产开发公司

金　　额：¥6 322 000.00

用　　途：购买办公楼

单位主管：杨正林　　会计：王贺鑫

西安西钞证券印制有限公司·2022年印制

业务13　12月3日，采购部张佳伦与深圳裕丰签订购销合同。

附件13

购 销 合 同

合同编号：CG12003

卖方：深圳裕丰商贸有限公司

买方：辽宁中创商贸有限公司

为保护买卖双方的合法权益，根据《中华人民共和国民法典》的有关规定，买卖双方经友好协商，一致同意签订本合同，并共同遵守合同约定。

一、货物的名称、数量及金额：

货物名称	规格型号	计量单位	数量	单价（不含税）	金额（不含税）	税率	税额
西部数据移动硬盘	1TB	个	300	390.00	117 000.00	13%	15 210.00
希捷移动硬盘	4TB	个	600	1 200.00	720 000.00	13%	93 600.00
合　计					¥837 000.00		¥108 810.00

二、合同总金额：人民币玖拾肆万伍仟捌佰壹拾元整（¥945 810.00）。

三、卖方于12月14日前交付货物并开具增值税专用发票。付款条件：4/10，2/20，n/30（按不含税价款计算）。结算方式：电汇。

四、交货地点：辽宁中创商贸有限公司。

五、发运方式与运输费用承担方式：由卖方发货，运输费用由卖方承担。

卖　方：深圳裕丰商贸有限公司　赵丰熙印

授权代表：霍梦楠

日　　期：2022年12月3日

买　方：辽宁中创商贸有限公司　王梅晓印

授权代表：张佳伦

日　　期：2022年12月3日

业务13

业务14 12月4日，销售部屈卫明与锦州普惠签订购销合同，当天发出全部货物。

业务14

附件14 1/3

购 销 合 同

合同编号：XS12002

卖方：辽宁中创商贸有限公司

买方：锦州普惠超市有限公司

为保护买卖双方的合法权益，根据《中华人民共和国民法典》的有关规定，买卖双方经友好协商，一致同意签订本合同，并共同遵守合同约定。

一、货物的名称、数量及金额：

货物名称	规格型号	计量单位	数量	单价（不含税）	金额（不含税）	税率	税额
惠普笔记本	光影精灵3	台	100	7 800.00	780 000.00	13%	101 400.00
希捷移动硬盘	1TB	个	200	480.00	96 000.00	13%	12 480.00
合 计					¥876 000.00		¥113 880.00

二、合同总金额：人民币玖拾捌万玖仟捌佰捌拾元整（¥989 880.00）。

三、卖方于签订合同当日发出全部商品，并于12月7日前开具增值税专用发票。买方验收合格后支付前欠货款及本笔货款。结算方式：转账支票。

四、交货地点：辽宁中创商贸有限公司。

五、发运方式与运输费用承担方式：由卖方发货并承担运输费用。

卖 方：辽宁中创商贸有限公司 （辽宁中创商贸有限公司 合同专用章）（王梅晓印）

授权代表：屈卫明

日 期：2022年12月4日

买 方：锦州普惠超市有限公司 （锦州普惠超市有限公司 合同专用章）（张明惠印）

授权代表：卢诗雨

日 期：2022年12月4日

附件14 2/3

出 库 单

客户：锦州普惠　　2022年12月4日　　单号:CK12002

发货仓库	存货编码	存货名称	规格型号	单位	数量 应发	数量 实发	单价	金额
1号仓库	12202	惠普笔记本	光影精灵3	台	100	100		
合 计								

部门经理：略　　会计：略　　仓库：略　　经办人：略

附件14 3/3

出 库 单

客户：锦州普惠　　2022年12月4日　　单号：CK12003

发货仓库	存货编码	存货名称	规格型号	单位	数量 应发	数量 实发	单价	金额
2号仓库	22201	希捷移动硬盘	1TB	个	200	200		
合 计								

部门经理：略　　会计：略　　仓库：略　　经办人：略

业务15　12月4日，从银行提取现金。

附件15 1/2

提现申请单

填单日期：2022年12月4日

收款单位	辽宁中创商贸有限公司		
地　址	辽宁省锦州市太和区翠园街689号	联系电话	0416-8311565
收款人银行	中国工商银行锦州太和支行	开户账号	6828579603952213879
内　容	提取备用金		
大　写	人民币贰万元整　(小写) ¥20 000.00		

审批：李春华　　审核：王贺鑫　　制表：赵艺丹

附件15 2/2

ICBC 中国工商银行

现金支票存根

21003365

78603619

附加信息

出票日期：2022年12月4日

收款人：	辽宁中创商贸有限公司
金　额：	¥20 000.00
用　途：	提取备用金

单位主管：杨正林　　会计：王贺鑫

西安西钞证券印制有限公司·2022年印制

业务15

业务16　12月4日，销售部张壑芬与保定隆祥签订购销合同。

附件16

购销合同

合同编号：XS12003

卖方：辽宁中创商贸有限公司
买方：保定隆祥超市有限公司

为保护买卖双方的合法权益，根据《中华人民共和国民法典》的有关规定，买卖双方经友好协商，一致同意签订本合同，并共同遵守合同约定。

一、货物的名称、数量及金额：

货物名称	规格型号	计量单位	数量	单价（不含税）	金额（不含税）	税率	税额
联想笔记本	E41-25	台	200	4 500.00	900 000.00	13%	117 000.00
联想台式机	扬天M4000e	台	100	4 600.00	460 000.00	13%	59 800.00
联想笔记本	E52	台	300	5 800.00	1 740 000.00	13%	226 200.00
合　计					¥3 100 000.00		¥403 000.00

二、合同总金额：人民币叁佰伍拾万零叁仟元整（¥3 503 000.00）。

三、卖方于12月13日前开具增值税专用发票并发出全部货物，买方验收合格后结清全部货款。买方于11月29日已预付200 000元。剩余款项结算方式：银行承兑汇票。

四、交货地点：辽宁中创商贸有限公司。

五、发运方式与运输费用承担方式：由卖方发货并代垫运输费用。

卖　　方：辽宁中创商贸有限公司　　买　　方：保定隆祥超市有限公司
授权代表：张壑芬　　授权代表：李晓琳
日　　期：2022年12月4日　　日　　期：2022年12月4日

业务16

业务17 12月4日，王贺鑫出差借款。

业务17

附件17

借款单

2022年12月4日 第051号

借款部门	财务部	姓 名	王贺鑫	借款事由	参加研讨会
借款金额（大写）	壹万伍仟元整		（小写）¥15 000.00		
部门负责人签署	李春华	借款人签章	王贺鑫	注意事项	一、凡借用公款必须使用本单 二、出差返回后三天内结算
单位领导批示	杨正林	财务经理审核意见	李春华		

现金付讫

业务18 12月5日，将承兑汇票背书转让给北京盛达作预付款。

业务18

附件18 $\frac{1}{3}$

付款申请书

2022年12月5日

用途及情况	金额											收款单位（人）：北京盛达商贸有限公司
预付北京盛达货款	亿	千	百	十	万	千	百	十	元	角	分	账 号：
			¥	1	4	0	0	0	0	0	0	开户行：
金额（大写）合计	人民币壹拾肆万元整											支票☐ 汇票☑ 本票☐ 电汇☐ 其他☐

总经理	杨正林	财务部门	经理	李春华	业务部门	经 理	张佳伦
			会计	王贺鑫		经办人	赵 乾

附件18 $\frac{2}{3}$

银行承兑汇票

2

37003859
52931780

出票日期（大写） 贰零贰贰年壹拾壹月零贰拾日

出票人全称	盘锦福满商贸有限公司	收款人	全 称	辽宁中创商贸有限公司
出票人账号	96281072313180875688		账 号	6828579603952213879
付款行全称	中国建设银行盘锦大行支行		开户银行	中国工商银行锦州太和支行
出票金额	人民币（大写）壹拾肆万元整		亿 千 百 十 万 千 百 十 元 角 分	¥ 1 4 0 0 0 0 0 0
汇票到期日（大写）	贰零贰叁年零伍月零贰拾日	付款行	行号	
承兑协议编号	4665172352619		地址	
本汇票请你行承兑，到期无条件付款。 出票人签章		本汇票已经承兑，到期日由本行付款。 承兑行签章 承兑日期 2022年11月20日 备注：	密押 复核 记账	

此联收款人开户行随托收凭证寄付款行作借方凭证附件

盘锦福满商贸有限公司 财务专用章

张满文印

中国建设银行盘锦大行支行 10152930261 汇票专用章

附件18 $\frac{3}{3}$

西安西钞证券印制有限公司·2022年印制

被背书人 北京盛达商贸有限公司	被背书人
背书人签章 2022年12月5日	背书人签章 年 月 日

（粘贴单处）

辽宁中创商贸有限公司 财务专用章

王梅晓印

业务19　12月5日，收到北京宏远根据CG12001号合同发来的第二批货物，其中，金士顿U盘发生非合理损耗10个。

业务19

附件19 1/2

入 库 单

供应商：北京宏远　　　　2022年12月5日　　　　单号：RK12003

验收仓库	存货编码	存货名称	规格型号	单位	数量		单价	金额
					应收	实收		
1号仓库	11201	华硕台式机	S340MC	台	300	300		
合　计								

部门经理：略　　会计：略　　仓库：略　　经办人：略

附件19 2/2

入 库 单

供应商：北京宏远　　　　2022年12月5日　　　　单号：RK12004

验收仓库	存货编码	存货名称	规格型号	单位	数量		单价	金额
					应收	实收		
2号仓库	21102	金士顿U盘	64G	个	300	290		
合　计								

部门经理：略　　会计：略　　仓库：略　　经办人：略

业务20　12月6日，销售部张瀅芬与沈阳冠月签订以旧换新购销合同。

业务20

附件20 1/6

购 销 合 同

合同编号：TX12001

卖方：辽宁中创商贸有限公司

买方：沈阳冠月商贸有限公司

为保护买卖双方的合法权益，根据《中华人民共和国民法典》的有关规定，买卖双方经友好协商，一致同意签订本合同，并共同遵守合同约定。

一、货物的名称、数量及金额：

货物名称	规格型号	计量单位	数量	单价（不含税）	金额（不含税）	税率	税额
华硕台式机	M32CD	台	200	4 600.00	920 000.00	13%	119 600.00
合　计					¥920 000.00		¥119 600.00

二、合同总金额：人民币壹佰零叁万玖仟陆佰元整（¥1 039 600.00）。

三、以旧换新销售条件：若买方提供同品牌旧电脑，每台可作价300元，买方交差价即可换回所换购的同品牌同数量全新产品。签订合同当日，卖方即向买方发货并收回同品牌旧电脑，买方当日支付货款。付款结算方式：电汇。

四、交货地点：辽宁中创商贸有限公司。

五、发运方式与运输费用承担方式：由卖方发货，买方承担运输费用。

卖　　方：辽宁中创商贸有限公司　　　　买　　方：沈阳冠月商贸有限公司

授权代表：张瀅芬　　　　　　　　　　授权代表：宋晓雨

日　　期：2022年12月6日　　　　　　日　　期：2022年12月6日

附件20 2/6

辽宁增值税专用发票

此联不作报销、扣税凭证使用

021001900105　№58726312　021001900105 58726312

开票日期：2022年12月6日

购买方	名称：沈阳冠月商贸有限公司 纳税人识别号：91210112851734658R 地址、电话：辽宁省沈阳市东陵区新华路66号 024-76883562 开户行及账号：中国工商银行沈阳东陵支行 2109290781418676925				密码区	6407515<+56+8624*98>3961*<1 *+9>25>71>265/8509604/29-87 0661/74>597036783-1<->204>* 693/5*4*9+98<97<3-1318>5762	
货物或应税劳务、服务名称	规格型号	单位	数量	单价	金额	税率	税额
*电脑*华硕台式机	M32CD	台	200	4 600.00	920 000.00	13%	119 600.00
合计					¥920 000.00		¥119 600.00
价税合计（大写）	⊗壹佰零叁万玖仟陆佰元整				（小写）¥1 039 600.00		
销售方	名称：辽宁中创商贸有限公司 纳税人识别号：91210600152387926T 地址、电话：辽宁省锦州市太和区翠园街689号 0416-8311565 开户行及账号：中国工商银行锦州太和支行 6828579603952213879				备注		

收款人：王贺鑫　复核：李春华　开票人：赵艺丹　销售方（章）

第一联 记账联 销售方记账凭证

税总函〔2022〕335号北京印钞厂

（印章：全国统一发票监制章 国家税务总局 辽宁省税务局）（印章：辽宁中创商贸有限公司 91210600152387926T 发票专用章）

附件20 3/6

ICBC 中国工商银行电汇凭证（收账通知）　4 46328675

☐普通　☑加急　委托日期2022年12月6日

汇款人	全称	沈阳冠月商贸有限公司	收款人	全称	辽宁中创商贸有限公司
	账号	2109290781418676925		账号	6828579603952213879
	开户银行	中国工商银行沈阳东陵支行		开户银行	中国工商银行锦州太和支行
金额	人民币（大写）	玖拾柒万壹仟捌佰元整		亿千百十万千百十元角分	¥97180000
此汇款已收入收款人账户。				支付密码	
				附加信息及用途：货款	
汇入行签章				复核　记账	

（印章：中国工商银行锦州太和支行 2022.12.06 转讫（9））

此联为开户行给收款人的收账通知

附件20 4/6

出库单

客户：沈阳冠月　2022年12月6日　单号：CK12004

发货仓库	存货编码	存货名称	规格型号	单位	数量应发	数量实发	单价	金额
1号仓库	11202	华硕台式机	M32CD	台	200	200		
合计								

部门经理：略　会计：略　仓库：略　经办人：略

附件20 5/6

入 库 单

供应商：沈阳冠月　　　　2022年12月6日　　　　单号：RK12005

验收仓库	存货编码	存货名称	规格型号	单位	数量 应收	数量 实收	单价	金额
废旧品仓	11202	华硕台式机	M32CD	台	200	200		
		合 计						

部门经理：略　　会计：略　　仓库：略　　经办人：略

附件20 6/6

辽宁增值税专用发票

发票联

№85371643　021001900105 85371643

021001900105

开票日期：2022年12月6日

购买方	名称：辽宁中创商贸有限公司 纳税人识别号：91210600152387926T 地址、电话：辽宁省锦州市太和区翠园街689号 0416-8311565 开户行及账号：中国工商银行锦州太和支行 6828579603952213879	密码区	2*01>*34>26087<3+0*2891406/ 025816*754846476<6<7414584- >46-903/4+>5604*2+>>9/017/0 96-3<-176>+972*60>08030<600

货物或应税劳务、服务名称	规格型号	单位	数量	单价	金额	税率	税额
*电脑*华硕台式机	M32CD	台	200	300.00	60 000.00	13%	7 800.00
合 计					¥60 000.00		¥7 800.00
价税合计（大写）	⊗陆万柒仟捌佰元整				（小写）¥67 800.00		

销售方	名称：沈阳冠月商贸有限公司 纳税人识别号：91210112851734658R 地址、电话：辽宁省沈阳市东陵区新华路66号 024-76883562 开户行及账号：中国工商银行沈阳东陵支行 2109290781418676925	备注	

收款人：赵阳　　复核：吕贺　　开票人：田利群　　销售方（章）

税总函［2022］335号北京印钞厂

第三联 发票联 购买方记账凭证

业务21 12月6日，采购部赵乾与北京盛达签订购销合同，当日收到对方开具的增值税专用发票。

业务21

附件21 1/2

购 销 合 同

合同编号：CG12004

卖方：北京盛达商贸有限公司

买方：辽宁中创商贸有限公司

为保护买卖双方的合法权益，根据《中华人民共和国民法典》的有关规定，买卖双方经友好协商，一致同意签订本合同，并共同遵守合同约定。

一、货物的名称、数量及金额：

货物名称	规格型号	计量单位	数量	单价（不含税）	金额（不含税）	税率	税额
华为手机	Mate10	部	600	3 600.00	2 160 000.00	13%	280 800.00
小米手机	6X	部	400	2 000.00	800 000.00	13%	104 000.00
合 计					¥2 960 000.00		¥384 800.00

二、合同总金额：人民币叁佰叁拾肆万肆仟捌佰元整（¥3 344 800.00）。

三、签订合同当日，卖方开具增值税专用发票，并于12月12日前交付全部商品。买方验收合格后支付全部货款。买方已于12月5日通过承兑背书方式预付货款140 000元。

四、交货地点：辽宁中创商贸有限公司。

五、发运方式与运输费用承担方式：由卖方发货，运输费用由买方承担。

卖　　方：北京盛达商贸有限公司　王成印
授权代表：李玦玦
日　　期：2022年12月6日

买　　方：辽宁中创商贸有限公司　王梅晓印
授权代表：赵乾
日　　期：2022年12月6日

附件21 2/2

北京增值税专用发票

发票联

011001900105

№38026579 011001900105 38026579

开票日期：2022年12月6日

购买方	名 称：辽宁中创商贸有限公司 纳税人识别号：91210600152387926T 地 址 、电 话：辽宁省锦州市太和区翠园街689号 0416-8311565 开户行及账号：中国工商银行锦州太和支行 6828579603952213879	密码区	<*98686>87351842>+4>52285-4 66--7<<9/+-6*5691*+772<496> */86641726587+566322617/6>* 93191/>2*3<91>>503901620066

货物或应税劳务、服务名称	规格型号	单位	数量	单价	金额	税率	税额
*手机*华为	Mate10	部	600	3 600.00	2 160 000.00	13%	280 800.00
*手机*小米	6X	部	400	2 000.00	800 000.00	13%	104 000.00
合 计					¥2 960 000.00		¥384 800.00
价税合计（大写）	⊗叁佰叁拾肆万肆仟捌佰元整				(小写) ¥3 344 800.00		

销售方	名 称：北京盛达商贸有限公司 纳税人识别号：91110101037276089C 地 址 、电 话：北京市东城区正民路3065号 010-81072325 开户行及账号：中国农业银行北京东城支行 9213016506556097 3	备注	

收款人：路静　　复核：赵雨艳　　开票人：高禄杨　　销售方（章）

第三联 发票联 购买方记账凭证

税总函〔2022〕335号北京印钞厂

业务22 12月7日，根据XS12002号合同开具发票，同时收到销货运费发票。

业务22

附件22 1/2

辽宁增值税专用发票

021001900105　此联不作报销、扣税凭证使用

№58726313 021001900105 58726313

开票日期：2022年12月7日

购买方	名 称：锦州普惠超市有限公司 纳税人识别号：91210702531559686D 地 址 、电 话：辽宁省锦州市古塔区北京路188号 0416-6526973 开户行及账号：中国银行锦州古塔支行 278682575076	密码区	+<*70-595949><574426*7270-* /849+164-18>*63<>5/+11249*7 >99-524819496297><4/*>5<049 51/30079349631618 3479>>+548

货物或应税劳务、服务名称	规格型号	单位	数量	单价	金额	税率	税额
*电脑*惠普笔记本	光影精灵3	台	100	7 800.00	780 000.00	13%	101 400.00
*移动硬盘*希捷	1TB	个	200	480.00	96 000.00	13%	12 480.00
合 计					¥876 000.00		¥113 880.00
价税合计（大写）	⊗玖拾捌万玖仟捌佰捌拾元整				(小写) ¥989 880.00		

销售方	名 称：辽宁中创商贸有限公司 纳税人识别号：91210600152387926T 地 址 、电 话：辽宁省锦州市太和区翠园街689号 0416-8311565 开户行及账号：中国工商银行锦州太和支行 6828579603952213879	备注	

收款人：王贺鑫　　复核：李春华　　开票人：赵艺丹　　销售方（章）

第一联 记账联 销售方记账凭证

税总函〔2022〕335号北京印钞厂

附件22 2/2

辽宁增值税专用发票

发票联

021001900105

№35761280 021001900105 35761280

开票日期：2022年12月7日

购买方	名 称：辽宁中创商贸有限公司 纳税人识别号：91210600152387926T 地 址 、电 话：辽宁省锦州市太和区翠园街689号 0416-8311565 开户行及账号：中国工商银行锦州太和支行 6828579603952213879	密码区	9925<0968/+16>553>35+-7605* >61/1420114123743>6>937576+ >-50*134300*6+405/19517**92 <5>-142-4665<2<84*084/4><58

货物或应税劳务、服务名称	规格型号	单位	数量	单价	金额	税率	税额
*应税劳务*运输费		千米	20	15.00	300.00	9%	27.00
合 计					¥300.00		¥27.00
价税合计（大写）	⊗叁佰贰拾柒元整				(小写) ¥327.00		

销售方	名 称：沈阳通达物流有限公司 纳税人识别号：91210105357948262W 地 址 、电 话：辽宁省沈阳市皇姑区振兴路968号 024-82961537 开户行及账号：中国银行沈阳皇姑支行 820114163108	备注	

收款人：王权烜　　复核：杨更新　　开票人：王瑞雪　　销售方（章）

第三联 发票联 购买方记账凭证

税总函〔2022〕335号北京印钞厂

业务23　12月7日，销售部张蓥芬与沈阳宝泰签订委托代销合同，当天发出代销货物。

业务23

附件23 1/2

购销合同

合同编号：WT12001

委托方：辽宁中创商贸有限公司

受托方：沈阳宝泰商贸有限公司

为保护买卖双方的合法权益，根据《中华人民共和国民法典》的有关规定，买卖双方经友好协商，一致同意签订本合同，并共同遵守合同约定。

一、货物的名称、数量及金额：

货物名称	规格型号	计量单位	数量	单价（不含税）	金额（不含税）	税率	税额
华为手机	荣耀10	部	100	4 000.00	400 000.00	13%	52 000.00
合　计					¥400 000.00		¥52 000.00

二、合同总金额：人民币肆拾伍万贰仟元整（¥452 000.00）。

三、采用视同买断方式由委托方委托受托方代销货物，实际售价由受托方自定，实际售价与合同价之间的差额归受托方所有。根据代销商品销售情况，本月12日双方依照结算清单结算货款，未销售完的商品退回委托方。付款方式：电汇。

四、交货地点：辽宁中创商贸有限公司。

五、发运方式与运输费用承担方式：由委托方发货，受托方承担运输费用。

委 托 方：辽宁中创商贸有限公司　（辽宁中创商贸有限公司 合同专用章）（王梅晓印）
授权代表：张蓥芬
日　　期：2022年12月7日

受 托 方：沈阳宝泰商贸有限公司　（沈阳宝泰商贸有限公司 合同专用章）（郑泰宏印）
授权代表：平永婷
日　　期：2022年12月7日

附件23 2/2

出库单

客户：沈阳宝泰　　2022年12月7日　　单号：CK12005

发货仓库	存货编码	存货名称	规格型号	单位	数量 应发	数量 实发	单价	金额
3号仓库	30101	华为手机	荣耀10	部	100	100		
合　计								

部门经理：略　　会计：略　　仓库：略　　经办人：略

业务24　12月8日，对北京宏远根据CG12001号合同发来的第二批货物进行复检，发现部分货物有质量问题，予以退货。

业务24

附件24

入库单

供应商：北京宏远　　2022年12月8日　　单号：RK12006

验收仓库	存货编码	存货名称	规格型号	单位	数量 应收	数量 实收	单价	金额
1号仓库	11201	华硕台式机	S340MC	台	-20	-20		
合　计								

部门经理：略　　会计：略　　仓库：略　　经办人：略

业务25　12月8日，公司与青岛荣华进行债务重组。至重组日已为该应收账款计提坏账准备5 763元。

业务25

附件25 $\frac{1}{5}$

债务重组协议

协议编号：CZ12001

甲方（债权人）：辽宁中创商贸有限公司
乙方（债务人）：青岛荣华电商有限公司

截至2022年12月8日，乙方共欠甲方货款人民币壹佰壹拾伍万贰仟陆佰元整（¥1 152 600.00）。鉴于乙方目前已无法持续经营，经友好协商，甲乙双方达成如下协议：

1.乙方于2022年12月8日前以一台智能分拣系统及现金人民币壹拾万元整（¥100 000.00）偿付货款，甲方免除乙方剩余欠款人民币壹拾肆万捌仟陆佰元整（¥148 600.00）。

2.甲乙双方聘请资产评估机构以2022年12月8日为债务重组评估基准日进行评估，乙方抵债资产（智能分拣系统）的评估价值为800 000.00元（不含税）。

3.甲方承诺对其放弃的债权享有独立、合法、完全的处分权。在乙方按照本协议约定的期限和数额偿还本息后，甲、乙双方的债权债务关系同时终止。

4.本合同自各方授权代表人签字并加盖公章后生效。

甲方（盖章）：辽宁中创商贸有限公司　（印章：辽宁中创商贸有限公司 合同专用章）（印章：王梅晓印）
授权代表（签字）：屈卫明
日期：2022年12月8日

乙方（盖章）：青岛荣华电商有限公司　（印章：青岛荣华电商有限公司 合同专用章）（印章：张硕荣印）
授权代表（签字）：郭晓威
日期：2022年12月8日

附件25 $\frac{2}{5}$

入 库 单

供应商：青岛荣华　　2022年12月8日　　单号：RK12007

验收仓库	存货编码	存货名称	规格型号	单位	数量 应收	数量 实收	单价	金额
固定资产仓库	82001	智能分拣系统		台	1	1		
合　计								

部门经理：略　　会计：略　　仓库：略　　经办人：略

附件25 $\frac{3}{5}$

山东增值税专用发票

037001900105　　№82365291　037001900105　82365291

发票联（印章：全国统一发票监制章 国家税务总局 山东省税务局）

开票日期：2022年12月8日

购买方	名　　称：辽宁中创商贸有限公司 纳税人识别号：91210600152387926T 地 址 、电 话：辽宁省锦州市太和区翠园街689号　0416-8311565 开户行及账号：中国工商银行锦州太和支行　6828579603952213879	密码区	2**4037258<8>631138++87208* /460>>1/239496168*9<82+3*>9 5289605566>>322-/1>4+-394>09 *2/66862167><-313-<850255<0

货物或应税劳务、服务名称	规格型号	单位	数量	单价	金额	税率	税额
*机器设备*智能分拣系统		台	1	800 000.00	800 000.00	13%	104 000.00
合　计					¥800 000.00		¥104 000.00
价税合计（大写）	⊗玖拾万零肆仟元整					（小写）	¥904 000.00

销售方	名　　称：青岛荣华电商有限公司 纳税人识别号：91370210545797955P 地 址 、电 话：山东省青岛市李沧区向阳路999号　0536-8085016 开户行及账号：中国工商银行青岛李沧支行　3359870765709188221	备注	（印章：青岛荣华电商有限公司 91370210545797955P 发票专用章）

收款人：唐晓婷　　复核：张馨予　　开票人：康雪　　销售方（章）

税总函〔2022〕335号北京印钞厂

第三联 发票联 购买方记账凭证

附件25 $\frac{4}{5}$

固定资产交接（验收）单

固定资产类别：机器设备

固定资产名称	智能分拣系统	规格型号		供应商	青岛荣华	取得方式	债务重组
原值	800 000.00	安装费		预计使用年限	10年	验收日期	2022-12-08
折旧方法	平均年限法			预计净残值率	5%	开始使用日期	2022-12-08
移交单位	销售部	移交人	展卫明	使用部门	仓储部	负责人	于艳霞
验收意见	符合规定质量标准，验收合格。 负责人：杨正林 2022年12月8日						

附件25 $\frac{5}{5}$

ICBC 中国工商银行电汇凭证（收账通知）　4　13269605

□普通　☑加急　　委托日期 2022年12月8日

汇款人	全称	青岛荣华电商有限公司	收款人	全称	辽宁中创商贸有限公司
	账号	3359870765709188221		账号	6828579603952213879
	开户银行	中国工商银行青岛李沧支行		开户银行	中国工商银行锦州太和支行
金额	人民币（大写）	壹拾万元整		亿千百十万千百十元角分	¥10000000
此汇款已收入收款人账户。 中国工商银行锦州太和支行 2022.12.08 转讫（9） 汇入行签章			支付密码		
			附加信息及用途：货款		
			复核　记账		

此联为开户行给收款人的收账通知

业务26　12月9日，销售部张鎏芬与营口泓发签订含销售定金的购销合同。

业务26

附件26

购销合同

合同编号：XS12004

卖方：辽宁中创商贸有限公司
买方：营口泓发超市有限公司

为保护买卖双方的合法权益，根据《中华人民共和国民法典》的有关规定，买卖双方经友好协商，一致同意签订本合同，并共同遵守合同约定。

一、货物的名称、数量及金额：

货物名称	规格型号	计量单位	数量	单价（不含税）	金额（不含税）	税率	税额
爱国者U盘	64G	个	350	160.00	56 000.00	13%	7 280.00
合　计					¥56 000.00		¥7 280.00

二、合同总金额：人民币陆万叁仟贰佰捌拾元整（¥63 280.00）。

三、签订合同之日起5日内，买方以电汇方式支付15%定金（¥9 492.00），卖方收到定金当天发出货物。买方验收合格后以电汇方式支付全部剩余货款，卖方开具全部增值税专用发票。

四、交货地点：辽宁中创商贸有限公司。

五、发运方式与运输费用承担方式：由卖方发货，运输费用由买方承担。

卖　　方：辽宁中创商贸有限公司　（辽宁中创商贸有限公司 合同专用章）（王梅晓印）
授权代表：张鎏芬
日　　期：2022年12月9日

买　　方：营口泓发超市有限公司　（营口泓发超市有限公司 合同专用章）（迟泓彦印）
授权代表：王甜甜
日　　期：2022年12月9日

业务27 12月9日，购入非专利技术。

业务27

附件27 1/3

辽宁增值税普通发票

发票联

No17161567 021001900105 17161567

021001900105 开票日期：2022年12月9日

购买方	名称：辽宁中创商贸有限公司 纳税人识别号：91210600152387926T 地址、电话：辽宁省锦州市太和区翠园街689号 0416-8311565 开户行及账号：中国工商银行锦州太和支行 6828579603952213879	密码区	88>43266*19-975*>8036006+41 +7/41734-9-9+54><4220/0>6<2 *81243>>*32120552<11-15720+ >17724<9<6/5*57/>2*82892716

货物或应税劳务、服务名称	规格型号	单位	数量	单价	金额	税率	税额
*无形资产*非专利技术			1	100 000.00	100 000.00	0%	0.00
合计					¥100 000.00		¥0.00
价税合计（大写）	⊗壹拾万元整				（小写）¥100 000.00		

销售方	名称：锦州技高电子有限公司 纳税人识别号：91210703648923ZXNE 地址、电话：辽宁省锦州市凌河区滨河路9号 0416-8192085 开户行及账号：锦州银行凌云支行 410100387679569	备注	锦州技高电子有限公司 91210703648923ZXNE 发票专用章

收款人：翟飞燕 复核：王云海 开票人：周琳 销售方（章）

税总函〔2022〕335号北京印钞厂

第二联 发票联 购买方记账凭证

附件27 2/3

付款申请书

2022年12月9日

用途及情况	金额											收款单位（人）：锦州技高电子有限公司
购买非专利技术	亿	千	百	十	万	千	百	十	元	角	分	账号：410100387679569
			¥	1	0	0	0	0	0	0	0	开户行：锦州银行凌云支行

金额（大写）合计	人民币壹拾万元整			支票☑ 汇票☐ 本票☐ 电汇☐ 其他☐	
总经理	杨正林	财务部门	经理 李春华 会计 王贺鑫	业务部门	经理 张佳伦 经办人 赵乾

附件27 3/3

中国银行

转账支票存根

21005916

20389013

附加信息

出票日期：2022年12月9日

收款人：锦州技高电子有限公司
金额：¥100 000.00
用途：购买非专利技术

单位主管：杨正林 会计：王贺鑫

辽宁中创商贸 财务专用章

西安西钞证券印制有限公司·2022年印制

业务28　12月9日，销售部屈卫明与北京嘉美签订购销合同，销售期初受托代销商品。

业务28

附件28 1/4

购销合同

合同编号：XS12005

卖方：辽宁中创商贸有限公司

买方：北京嘉美超市有限公司

为保护买卖双方的合法权益，根据《中华人民共和国民法典》的有关规定，买卖双方经友好协商，一致同意签订本合同，并共同遵守合同约定。

一、货物的名称、数量及金额：

货物名称	规格型号	计量单位	数量	单价（不含税）	金额（不含税）	税率	税额
爱普生针式打印机	LQ-610K	台	200	700.00	140 000.00	13%	18 200.00
佳能喷墨打印机	E568	台	600	500.00	300 000.00	13%	39 000.00
惠普喷墨打印机	DJ1111	台	300	300.00	90 000.00	13%	11 700.00
合计					¥530 000.00		¥68 900.00

二、合同总金额：人民币伍拾玖万捌仟玖佰元整（¥598 900.00）。

三、签订合同当日卖方开具增值税专用发票并发出全部货物，买方以电汇方式支付全部货款。

四、交货地点：辽宁中创商贸有限公司。

五、发运方式与运输费用承担方式：由卖方发货，买方承担运输费用。

卖　方：辽宁中创商贸有限公司　　（印章：辽宁中创商贸有限公司 合同专用章；王梅晓印）

授权代表：屈卫明

日　期：2022年12月9日

买　方：北京嘉美超市有限公司　　（印章：北京嘉美超市有限公司 合同专用章；吴美嘉印）

授权代表：李雅芬

日　期：2022年12月9日

附件28 2/4

辽宁增值税专用发票

021001900105　此联不作报销、扣税凭证使用

No58726314　021001900105　58726314

开票日期：2022年12月9日

购买方
名　　称：北京嘉美超市有限公司
纳税人识别号：91110104279520135W
地址、电话：北京市宣武区南线阁356号　010-85192536
开户行及账号：中国建设银行北京宣武支行　41090735785013685392

密码区：
5+4-26730>146628*7<7>37>081
9602/7-7+7841593461>7<>162/
420959205*0/060<83872>78>04
+3<97-/740*-4**884*3987>+4<

货物或应税劳务、服务名称	规格型号	单位	数量	单价	金额	税率	税额
*打印机*爱普生	LQ-610K	台	200	700.00	140 000.00	13%	18 200.00
*打印机*佳能	E568	台	600	500.00	300 000.00	13%	39 000.00
*打印机*惠普	DJ1111	台	300	300.00	90 000.00	13%	11 700.00
合　计					¥530 000.00		¥68 900.00
价税合计（大写）	⊗伍拾玖万捌仟玖佰元整					（小写）	¥598 900.00

销售方
名　　称：辽宁中创商贸有限公司
纳税人识别号：91210600152387926T
地址、电话：辽宁省锦州市太和区翠园街689号　0416-8311565
开户行及账号：中国工商银行锦州太和支行　6828579603952213879

备注：（印章：辽宁中创商贸有限公司 91210600152387926T 发票专用章）

收款人：王贺鑫　　复核：李春华　　开票人：赵艺丹　　销售方（章）

第一联　记账联　销售方记账凭证

税总函〔2022〕335号北京印钞厂

附件28 $\frac{3}{4}$

ICBC 中国工商银行电汇凭证（收账通知） 4 26559083

□普通 ☑加急　　委托日期 2022 年 12 月 9 日

汇款人	全称	北京嘉美超市有限公司	收款人	全称	辽宁中创商贸有限公司
	账号	41090735785013685392		账号	6828579603952213879
	开户银行	中国建设银行北京宣武支行		开户银行	中国工商银行锦州太和支行

金额	人民币（大写）	亿	千	百	十	万	千	百	十	元	角	分
	伍拾玖万捌仟玖佰元整			¥	5	9	8	9	0	0	0	0

此汇款已收入收款人账户。

中国工商银行 锦州太和支行 2022.12.09 转讫 (9)

汇入行签章

支付密码

附加信息及用途：货款

复核　　记账

此联为开户行给收款人的收账通知

附件28 $\frac{4}{4}$

出库单

客户：北京嘉美　　2022 年 12 月 9 日　　单号：CK12006

发货仓库	存货编码	存货名称	规格型号	单位	数量		单价	金额
					应发	实发		
4号仓库	41101	爱普生针式打印机	LQ-610K	台	200	200		
4号仓库	42101	佳能喷墨打印机	E568	台	600	600		
4号仓库	42201	惠普喷墨打印机	DJ1111	台	300	300		
合计								

部门经理：略　　会计：略　　仓库：略　　经办人：略

业务29 12月10日，申请办理银行汇票。

业务 29

附件29 $\frac{1}{3}$

付款申请书

2022 年 12 月 10 日

用途及情况	金额											收款单位（人）：北京宏远商贸有限公司
申请办理银行汇票	亿	千	百	十	万	千	百	十	元	角	分	账号：110001130770202336659
			¥	5	0	0	0	0	0	0	0	开户行：交通银行北京通州支行

金额（大写）合计	人民币伍拾万元整	支票□ 汇票☑ 本票□ 电汇□ 其他□

总经理	杨正林	财务部门	经理	李春华	业务部门	经理	张佳伦
			会计	王智鑫		经办人	张佳伦

附件 29 $\frac{2}{3}$

ICBC 中国工商银行汇票申请书

第 03129495 号

申请日期 2022 年 12 月 10 日

申请人	辽宁中创商贸有限公司	收款人	北京宏远商贸有限公司
账　号 或地址	6828579603952213879	账　号 或地址	110001130770202336659
用途	货款	代　理 付款行	交通银行北京通州支行
出票金额	人民币（大写）伍拾万元整	亿 千 百 十 万 千 百 十 元 角 分	¥ 5 0 0 0 0 0 0 0
备注：			

此联申请人留存

（印章：中国工商银行锦州太和支行 2022.12.10 转讫（9））

附件 29 $\frac{3}{3}$

中国工商银行（锦州太和支行）付款通知书

2022 年 12 月 10 日

机构号：0183594　　交易代码：1076524630728290

单位名称：辽宁中创商贸有限公司	
账号：6828579603952213879	
摘要 手续费　3.50	
	金额合计　¥3.50
金额合计（大写）	人民币叁元伍角整

注：此付款通知书加盖我行业务公章方可有效。

流水号　　经办

（印章：中国工商银行锦州太和支行 2022.12.10 转讫（9））

业务 30　12 月 10 日，根据 XS12001 号合同发出第一批货物并开具发票。

附件 30 $\frac{1}{2}$

辽宁增值税专用发票

№58726315　021001900105　58726315

021001900105　此联不作报销、扣税凭证使用　　开票日期：2022 年 12 月 10 日

购买方	名　　称：北京聚鑫百货有限公司 纳税人识别号：91110102802655861E 地 址 、电 话：北京市崇文区金马路 312 号　010-89652320 开户行及账号：中国银行北京崇文支行　967823362405	密码区	3+821<44>51+599530*>3*101+- 77>*7/57<4>>33<8992278->>/3 099<-974-<*6792*75605612620 3869228+28074/4/15710*>03191

货物或应税劳务、服务名称	规格型号	单位	数量	单价	金额	税率	税额
*电脑*戴尔台式机	成就 3668	台	40	6 300.00	252 000.00	13%	32 760.00
合　计					¥252 000.00		¥32 760.00
价税合计（大写）	⊗贰拾捌万肆仟柒佰陆拾元整					（小写）	¥284 760.00

销售方	名　　称：辽宁中创商贸有限公司 纳税人识别号：91210600152387926T 地 址 、电 话：辽宁省锦州市太和区翠园街 689 号　0416-8311565 开户行及账号：中国工商银行锦州太和支行　6828579603952213879	备注	（印章：辽宁中创商贸有限公司 91210600152387926T 发票专用章）

收款人：王贺鑫　　复核：李春华　　开票人：赵艺丹　　销售方（章）

第一联　记账联　销售方记账凭证

税总函〔2022〕335 号北京印钞厂

业务 30

附件30 2/2

出库单

客户：北京聚鑫　　2022年12月10日　　单号：CK12007

发货仓库	存货编码	存货名称	规格型号	单位	数量		单价	金额
					应发	实发		
1号仓库	11301	戴尔台式机	成就3668	台	40	40		
合　计								

部门经理：略　　会计：略　　仓库：略　　经办人：略

业务31　12月10日，王贺鑫出差归来报销差旅费。

附件31

差旅费报销单

2022年12月10日

<table>
<tr><td colspan="4">所属部门</td><td>财务部</td><td>姓名</td><td>王贺鑫</td><td>出差天数</td><td colspan="2">6天</td></tr>
<tr><td colspan="4" rowspan="2">出差事由</td><td rowspan="2">参加研讨会</td><td rowspan="2">借　支
差旅费</td><td>日期</td><td>2022-12-04</td><td>金额</td><td>15 000.00</td></tr>
<tr><td colspan="4">结算金额：3 346.50</td></tr>
<tr><td colspan="2">出发</td><td colspan="2">到达</td><td rowspan="2">起止地点</td><td rowspan="2">交通费</td><td rowspan="2">住宿费</td><td rowspan="2">伙食补助</td><td colspan="2" rowspan="2">其他</td></tr>
<tr><td>月</td><td>日</td><td>月</td><td>日</td></tr>
<tr><td>12</td><td>4</td><td>12</td><td>4</td><td>锦州—上海</td><td>666.50</td><td></td><td></td><td colspan="2"></td></tr>
<tr><td>12</td><td>4</td><td>12</td><td>9</td><td>上海—上海</td><td></td><td>1 200.00</td><td>750.00</td><td colspan="2"></td></tr>
<tr><td>12</td><td>9</td><td>12</td><td>9</td><td>上海—锦州</td><td>730.00</td><td></td><td></td><td colspan="2"></td></tr>
<tr><td></td><td></td><td></td><td></td><td></td><td></td><td></td><td></td><td colspan="2"></td></tr>
<tr><td colspan="3">合　计</td><td colspan="7">人民币叁仟叁佰肆拾陆元伍角整</td></tr>
</table>

总经理：杨正林　　部门经理：李春华　　出纳：赵艺丹　　报销人：王贺鑫

（注：为节省篇幅，火车票、住宿费发票等附件此处省略）

业务31

业务32　12月10日，收到广州鑫达根据CG12002号合同发来的货物及代垫运费发票。

附件32 1/2

入库单

供应商：广州鑫达　　2022年12月10日　　单号：RK12008

验收仓库	存货编码	存货名称	规格型号	单位	数量		单价	金额
					应收	实收		
周转材料仓	71001	包装箱	中号	个	8 000	8 000		
合　计								

部门经理：略　　会计：略　　仓库：略　　经办人：略

业务32

附件32 $\frac{2}{2}$

辽宁增值税专用发票

No35761286　021001900105　35761286

021001900105　　发票联

国家税务总局　辽宁省税务局

开票日期：2022年12月10日

税总函〔2022〕335号北京印钞厂

购买方	名　　称：辽宁中创商贸有限公司 纳税人识别号：91210600152387926T 地 址 、 电 话：辽宁省锦州市太和区翠园街689号　0416-8311565 开户行及账号：中国工商银行锦州太和支行　6828579603952213879	密码区	7>98926+3*410*<<>775-0536*/ >4471775-+52-26674*1<22+415 442940-54261103*1980/+521<0 />6>07418270*//<533>6>3281>

货物或应税劳务、服务名称	规格型号	单位	数量	单价	金额	税率	税额
*应税劳务*运输费		千米	2 700	4.00	10 800.00	9%	972.00
合　计					¥10 800.00		¥972.00
价税合计（大写）	⊗壹万壹仟柒佰柒拾贰元整				（小写）¥11 772.00		

销售方	名　　称：沈阳通达物流有限公司 纳税人识别号：91210105357948262W 地 址 、 电 话：辽宁省沈阳市皇姑区振兴路968号　024-82961537 开户行及账号：中国银行沈阳皇姑支行　820114163108	备注	沈阳通达物流有限公司 91210105357948262W 发票专用章

收款人：王权烜　　复核：杨更新　　开票人：王瑞雪　　销售方（章）

第三联 发票联 购买方记账凭证

业务33　12月11日，经批准将OPPO手机从3号仓库调拨至门市仓。

附件33

调拨单

2022年12月11日　　　　单号：DB12001

转出仓库	转入仓库	存货编码	存货名称	规格型号	单位	调拨数量	单价	金额
3号仓库	门市仓	30201	OPPO手机	R15	部	100	2 100.00	
合　计								

部门经理：略　　会计：略　　仓库：略　　经办人：略

业务33

业务34　12月11日，发放上月工资。

附件34 $\frac{1}{3}$

付款申请书

2022年12月11日

用途及情况	金　额											收款单位（人）：辽宁中创商贸有限公司
支付工资	亿	千	百	十	万	千	百	十	元	角	分	账　号：6828579603952213879
				¥	7	4	1	0	0	0	0	开户行：中国工商银行锦州太和支行
金额（大写）合计	人民币柒万肆仟壹佰元整											支票☑　汇票☐　本票☐　电汇☐　其他☐

总经理	杨正林	财务部门	经理	李春华	业务部门	经　理	李春华
			会计	王智鑫		经办人	赵艺丹

业务34

附件34 2/3

ICBC 中国工商银行

转账支票存根

21003365

24115316

附加信息

出票日期：2022年12月11日

收 款 人：	辽宁中创商贸有限公司
金　　额：	¥74 100.00
用　　途：	支付工资

单位主管：杨正林　　会计：王贺鑫

西安西钞证券印制有限公司·2022年印制

附件34 3/3

特色业务中国工商银行批量代付成功清单

机构代码：102191853736　　机构名称：中国工商银行锦州太和支行　　入账日期：2022-12-11

客户账号	姓名	金额
6315279086348601581	杨正林	12 070.00
6315279086348601582	于浩	4 470.00
6315279086348601583	李春华	11 470.00
6315279086348601584	王贺鑫	5 870.00
6315279086348601585	赵艺丹	5 170.00
6315279086348601586	张佳伦	9 520.00
6315279086348601587	赵乾	5 320.00
6315279086348601588	张鑫芬	10 820.00
6315279086348601589	展卫明	5 120.00
6315279086348601590	于艳梅	4 270.00
合　计		74 100.00

业务35 12月11日，收到北京宏远根据CG12001号合同开具的发票，辽宁中创支付货款。经研究决定，非合理损耗由采购员个人承担。

业务35

附件35 1/4

北京增值税专用发票

发票联

011001900105　　№80172369　011001900105 80172369

开票日期：2022年12月11日

购买方	名　　称：辽宁中创商贸有限公司 纳税人识别号：91210600152387926T 地 址 、电 话：辽宁省锦州市太和区翠园街689号　0416-8311565 开户行及账号：中国工商银行锦州太和支行　6828579603952213879	密码区	667*0671302137*3<0064->>975 5820898>76282-<99808+703881 563<8*<184>/3-7798/58*+1>>6 5/125/4406*8>-+<493>+*04879

货物或应税劳务、服务名称	规格型号	单位	数量	单价	金额	税率	税额
*电脑*华硕台式机	S340MC	台	480	4 400.00	2 112 000.00	13%	274 560.00
*U盘*金士顿	64G	个	500	110.00	55 000.00	13%	7 150.00
合　计					¥2 167 000.00		¥281 710.00
价税合计（大写）	⊗贰佰肆拾肆万捌仟柒佰壹拾元整				（小写）¥2 448 710.00		

销售方	名　　称：北京宏远商贸有限公司 纳税人识别号：91110112596516328M 地 址 、电 话：北京市通州区云景西里279号　010-55697318 开户行及账号：交通银行北京通州支行　110001130770202336659	备注	

收款人：王雪松　　复核：于丹　　开票人：胡月凯　　销售方（章）

税总函〔2022〕335号北京印钞厂

第三联 发票联 购买方记账凭证

附件35 $\frac{2}{4}$

付款申请书

2022年12月11日

用途及情况	金额											收款单位（人）：北京宏远商贸有限公司
支付货款	亿	千	百	十	万	千	百	十	元	角	分	账　号：110001130770202336659
		¥	2	0	0	0	0	0	0	0	0	开户行：交通银行北京通州支行
金额（大写）合计	人民币贰佰万元整											支票☐ 汇票☐ 本票☐ 电汇☑ 其他☐

总经理	杨正林	财务部门	经理	李春华	业务部门	经　理	张佳伦
			会计	王贺鑫		经办人	张佳伦

附件35 $\frac{3}{4}$

ICBC 中国工商银行电汇凭证（回单） 1

38675922

☑普通　☐加急　　委托日期 2022年12月11日

汇款人		收款人	
全　称	辽宁中创商贸有限公司	全　称	北京宏远商贸有限公司
账　号	6828579603952213879	账　号	110001130770202336659
开户银行	中国工商银行锦州太和支行	开户银行	交通银行北京通州支行

金额	人民币（大写）贰佰万元整	亿	千	百	十	万	千	百	十	元	角	分
			¥	2	0	0	0	0	0	0	0	0

中国工商银行 锦州太和支行 2022.12.11 转讫 (9)

支付密码

附加信息及用途：货款

复核　　记账

此联为汇出行给汇款人的回单

附件35 $\frac{4}{4}$

付款期限
壹　月

中国工商银行 银行汇票（多余款收账通知） 4

11003758
60583852

出票日期（大写）贰零贰贰年壹拾贰月零壹拾日　　代理付款行：交通银行北京通州支行　行号：102100009640

收款人：北京宏远商贸有限公司

出票金额 人民币（大写）伍拾万元整　　¥500 000.00

实际结算金额	人民币（大写）肆拾肆万捌仟柒佰壹拾元整	亿	千	百	十	万	千	百	十	元	角	分
				¥	4	4	8	7	1	0	0	0

中国工商银行 锦州太和支行 2022.12.11 转讫 (9)

申请人：辽宁中创商贸有限公司　　账号：6828579603952213879

出票行：中国工商银行锦州太和支行　行号：102191853736　密押：

备　注：

凭票付款

出票行签章　　2022年12月11日

多余金额										左列退回多余金额已收入你账户内。
千	百	十	万	千	百	十	元	角	分	
		¥	5	1	2	9	0	0	0	

此联出票行结清多余款后交申请人

业务36　12月12日，根据WT12001号代销合同与受托方办理结算。

附件36 $\frac{1}{3}$

业务36

商品代销清单

日期：2022年12月12日　　　　№ 0000000001

委托方		辽宁中创商贸有限公司			受托方	沈阳宝泰商贸有限公司		
账　号		6828579603952213879			账　号	58306115806269276		
开户银行		中国工商银行锦州太和支行			开户银行	中国农业银行沈阳百花支行		
代销货物	代销货物名称	规格型号	计量单位	数量	单价（不含税）	金额	税率	税额
	华为手机	荣耀10	部	100	4 000.00	400 000.00	13%	52 000.00
	价税合计	大写：人民币肆拾伍万贰仟元整　小写：¥452 000.00						
代销方式		视同买断						
代销款结算时间		根据代销货物销售情况于每月12日结算						
代销款结算方式		电汇						
本月代销货物销售情况	代销货物名称	规格型号	计量单位	数 量	单价（不含税）	金额	税率	税额
	华为手机	荣耀10	部	100	4 000.00	400 000.00	13%	52 000.00
	价税合计	大写：人民币肆拾伍万贰仟元整　小写：¥452 000.00						
本月代销款结算金额		大写：人民币肆拾伍万贰仟元整　小写：¥452 000.00						

（印章：沈阳宝泰商贸有限公司 合同专用章）

主管：略　　审核：略　　制单：略　　受托方盖章：

附件36 $\frac{2}{3}$

辽宁增值税专用发票

（印章：全国统一发票监制章 国家税务总局 辽宁省税务局）

021001900105　此联不作报销、扣税凭证使用　　№58726316　021001900105 58726316

开票日期：2022年12月12日

购买方	名　　称：沈阳宝泰商贸有限公司 纳税人识别号：91210103291938726X 地 址 、电 话：辽宁省沈阳市铁西区百花路2号　024-65308833 开户行及账号：中国农业银行沈阳百花支行　58306115806269276			密码区	6954>3--53<0>98849>58658046 /1760>7139>91<27<29761291/3 0-75*31+*5034708>20>>927351 9*7742+722*-<3*1101+</+*30		
货物或应税劳务、服务名称	规格型号	单位	数量	单价	金额	税率	税额
*手机*华为	荣耀10	部	100	4 000.00	400 000.00	13%	52 000.00
合　计					¥400 000.00		¥52 000.00
价税合计（大写）	⊗肆拾伍万贰仟元整					（小写）¥452 000.00	
销售方	名　　称：辽宁中创商贸有限公司 纳税人识别号：91210600152387926T 地 址 、电 话：辽宁省锦州市太和区翠园街689号　0416-8311565 开户行及账号：中国工商银行锦州太和支行　6828579603952213879			备注	（印章：辽宁中创商贸有限公司 91210600152387926T 发票专用章）		

收款人：王贺鑫　　复核：李春华　　开票人：赵艺丹　　销售方（章）

税总函〔2022〕335号北京印钞厂

第一联　记账联　销售方记账凭证

附件 36 $\frac{3}{3}$

ICBC 中国工商银行电汇凭证（收账通知）　4　98224831

□普通　☑加急

委托日期 2022 年 12 月 12 日

汇款人	全称	沈阳宝泰商贸有限公司	收款人	全称	辽宁中创商贸有限公司
	账号	58306115806269276		账号	6828579603952213879
	开户银行	中国农业银行沈阳百花支行		开户银行	中国工商银行锦州太和支行

		亿	千	百	十	万	千	百	十	元	角	分
金额	人民币（大写）肆拾伍万贰仟元整			¥	4	5	2	0	0	0	0	0

此汇款已收入收款人账户。

支付密码

附加信息及用途：货款

汇入行签章　复核　记账

中国工商银行 锦州太和支行 2022.12.12 转讫 (9)

此联为开户行给收款人的收账通知

业务 37　12 月 12 日，缴纳本月住房公积金。

附件 37 $\frac{1}{2}$

ICBC 中国工商银行

转账支票存根

21003365

24115317

附加信息

出票日期：2022 年 12 月 12 日

收款人：	辽宁中创商贸有限公司
金额：	¥6 000.00
用途：	缴纳住房公积金

单位主管：杨正林　会计：王贺鑫

西安西钞证券印制有限公司·2022 年印制

业务 37

附件 37 $\frac{2}{2}$

住房公积金汇（补）缴书

№93376135

2022 年 12 月 12 日　附：缴存变更清册 1 页

缴款单位	单位名称	辽宁中创商贸有限公司	收款单位	单位名称	辽宁中创商贸有限公司
	单位账号	6828579603952213879		公积金账号	6828579829535966705
	开户银行	中国工商银行锦州太和支行		开户银行	中国工商银行锦州太和支行

缴款类型	☑汇缴　□补缴　补缴原因
缴款人数	10　缴款时间 2022 年 12 月至 2022 年 12 月　月数 1
缴款方式	□现金　☑转账
金额（大写）	人民币陆仟元整

千	百	十	万	千	百	十	元	角	分
			¥	6	0	0	0	0	0

上次汇缴		本次增加汇缴		本次减少汇缴		本次汇（补）缴	
人数	金额	人数	金额	人数	金额	人数	金额

上述款项已划转至市住房公积金管理中心住房公积金存款户内。　（银行盖章）

复核：　经办：　2022 年 12 月 12 日

中国工商银行 锦州太和支行 2022.12.12 转讫 (7)

此联为开户行给收款人的收账通知

业务 38　12月12日，缴纳本月社会保险费。

附件 38

中国工商银行电子缴税付款凭证

转账日期：2022年12月12日　　　　凭证字号：75893622

纳税人全称及纳税人识别号：辽宁中创商贸有限公司 91210600152387926T

付款人全称：辽宁中创商贸有限公司

付款人账号：6828579603952213879　　　征收机关名称：锦州市太和区税务局

付款人开户银行：中国工商银行锦州太和支行　　　收款国库（银行）名称：国家金库锦州市太和支库

小写（合计）金额：¥10 305.00　　　缴款书交易流水号：

大写（合计）金额：人民币壹万零叁佰零伍元整　　　税票号码：

税（费）种名称	所属日期	实缴金额
社保费（养老）	20221201—20221231	6 000.00
社保费（医疗）	20221201—20221231	3 000.00
社保费（失业）	20221201—20221231	900.00
社保费（工伤）	20221201—20221231	150.00
社保费（生育）	20221201—20221231	255.00

（印章：中国工商银行锦州太和支行 2022.12.12 转讫（7））

打印时间：2022年12月12日

会计流水号：99521956322315977575893622　　复核：　　记账：

业务 38

业务 39　12月12日，拨交上月工会经费。

附件 39 $\frac{1}{3}$

工会专用结算凭证（行政拨交工会经费缴款书）

缴款日期2022年12月12日

付款单位				收款单位				金额
全称	辽宁中创商贸有限公司			比例60%	(1)全称	辽宁中创商贸有限公司工会委员会		
账号	6828579603952213879				账号	6828579759715456363		十万千百十元角分
开户银行	中国工商银行锦州太和支行				开户银行	中国工商银行锦州太和支行		¥96480
所属月份	11月	职工人数	10	比例40%	(2)全称	锦州市太和区工会委员会		金额
上月职工工资总额	80 400.00	按2%计应缴交经费	1 608.00		账号	6828579570588625925		十万千百十元角分
迟交天数		按1%计应缴滞纳金			开户银行	中国工商银行锦州太和支行		¥64320
合计金额（人民币大写）	壹仟陆佰零捌元整							¥160800
缴款单位盖章	（印章：辽宁中创商贸有限公司 财务专用章；王梅晓印）			工会委员会盖章	年　月　日	银行盖章	（印章：中国工商银行锦州太和支行 2022.12.12 业务专用章）年　月　日	

此联交缴款单位作回单

业务 39

附件 39 $\frac{2}{3}$

ICBC 中国工商银行

转账支票存根

21003365

24115318

附加信息

出票日期：2022年12月12日

收款人：辽宁中创商贸有限公司工会委员会

金额：¥964.80

用途：缴纳工会经费

单位主管：杨正林　　会计：王贺鑫

西安西钞证券印制有限公司·2022年印制

（印章：辽宁中创商贸……财务专用章）

附件 39 $\frac{3}{3}$

中国工商银行电子缴税付款凭证

转账日期：2022年12月12日　　　　　　凭证字号：75893631

纳税人全称及纳税人识别号：辽宁中创商贸有限公司 91210600152387926T

付款人全称：辽宁中创商贸有限公司

付款人账号：6828579603952213879　　　　征收机关名称：锦州市太和区税务局

付款人开户银行：中国工商银行锦州太和支行　　　　收款国库（银行）名称：国家金库锦州市太和支库

小写（合计）金额：¥643.20　　　　缴款书交易流水号：

大写（合计）金额：人民币陆佰肆拾叁元贰角整　　　　税票号码：

税（费）种名称	所属日期	实缴金额
工会经费	20221101—20221130	643.20

中国工商银行锦州太和支行 2022.12.12 转讫（7）

打印时间：2022年12月12日

会计流水号：99521956322315977575893631　　复核：　　记账：

业务40　12月12日，收到北京盛达根据CG12004号合同发来的货物，验收过程中发现部分商品存在轻微质量问题。

业务 40

附件 40 $\frac{1}{3}$

入库单

供应商：北京盛达　　　　2022年12月12日　　　　单号：RK12009

验收仓库	存货编码	存货名称	规格型号	单位	数量		单价	金额
					应收	实收		
3号仓库	30103	华为手机	Mate10	部	600	600		
3号仓库	30301	小米手机	6X	部	400	400		
合　计								

部门经理：略　　会计：略　　仓库：略　　经办人：略

附件 40 $\frac{2}{3}$

产品质量问题处理协议书

甲方：北京盛达商贸有限公司

乙方：辽宁中创商贸有限公司

甲方于2022年12月6日销售手机给乙方，合同编号CG12004。乙方于2022年12月12日收到全部货物后进行质检，认为该批货物中小米手机（规格型号6X）存在瑕疵。经协商，双方达成如下协议：

1. 乙方质检部经检验认为小米手机（规格型号6X）存在包装破损问题，影响销售。
2. 甲方给予乙方小米手机货款（不含税）10%的销售折让。
3. 乙方向当地税务机关申请开具红字增值税专用发票通知单，经税务机关审核后，甲方填开红字增值税专用发票。

甲　　方：北京盛达商贸有限公司（北京盛达商贸有限公司 合同专用章）（王成成印）
授权代表：李琰琰
日　　期：2022年12月12日

乙　　方：辽宁中创商贸有限公司（辽宁中创商贸有限公司 合同专用章）（王梅晓印）
授权代表：张佳伦
日　　期：2022年12月12日

附件 40 $\frac{3}{3}$

011001900105　**北京增值税专用发票**　№38026581　011001900105 38026581

销项负数　发票联（国家税务总局 北京市税务局）　开票日期：2022年12月12日

购买方	名　　称：辽宁中创商贸有限公司 纳税人识别号：91210600152387926T 地 址 、电 话：辽宁省锦州市太和区翠园街689号　0416-8311565 开户行及账号：中国工商银行锦州太和支行　6828579603952213879				密码区	+99490*11776752*>*3*810138< >-68*526588//841*9/2+>7/<>9 72-5402067>350>6075<0536-92 6>2>697<-3-+02038412<688028	
货物或应税劳务、服务名称	规格型号	单位	数量	单价	金额	税率	税额
*手机*小米	6X	部			-80 000.00	13%	-10 400.00
合　计					¥-80 000.00		¥-10 400.00
价税合计（大写）	⊗（负数）玖万零肆佰元整				（小写）¥-90 400.00		
销售方	名　　称：北京盛达商贸有限公司 纳税人识别号：91110101037276089C 地 址 、电 话：北京市东城区正民路3065号　010-81072325 开户行及账号：中国农业银行北京东城支行　92130165065560973				备注	北京盛达商贸有限公司 91110101037276089C 发票专用章	

收款人：路　静　　复核：赵雨艳　　开票人：高禄杨　　销售方（章）

税总函〔2022〕335号北京印钞厂

第三联　发票联　购买方记账凭证

业务 41　12月12日，缴纳税费。

附件 41

中国工商银行电子缴税付款凭证

转账日期：2022年12月12日　　凭证字号：75893689

纳税人全称及纳税人识别号：辽宁中创商贸有限公司 91210600152387926T

付款人全称：辽宁中创商贸有限公司

付款人账号：6828579603952213879　　征收机关名称：锦州市太和区税务局

付款人开户银行：中国工商银行锦州太和支行　　收款国库（银行）名称：国家金库锦州市太和支库

小写（合计）金额：¥844 433.48　　缴款书交易流水号：

大写（合计）金额：人民币捌拾肆万肆仟肆佰叁拾叁元肆角捌分　　税票号码：

税（费）种名称	所属日期	实缴金额
增值税	20221101—20221130	752 698.10
城市维护建设税	20221101—20221130	52 688.88
教育费附加	20221101—20221130	22 580.94
地方教育附加	20221101—20221130	15 053.96
个人所得税	20221101—20221130	1 411.60

中国工商银行锦州太和支行 2022.12.12 转讫（7）

打印时间：2022年12月12日

会计流水号：99521956322315977575893689　　复核：　　记账：

业务 41

业务 42　12月12日，购买股票。

附件 42

海鑫证券（锦州裕华路）营业部

2022年12月12日　　成交过户交割凭单　　买

股东代码：12386 股东账户：1002781 资金账号：88063999 股东姓名：辽宁中创商贸有限公司	证券名称：高科石化　　代码：002778 成交数量：15 000 成交价格：20.24 成交金额：303 600.00
申请编号：562 申请时间：09:50:08 成交时间：09:58:28 资金前余额：1 250 000.00 资金余额：944 484.20 证券前余额：0 本次余额：15 000股	标准佣金：910.80 过户费用：5.00 印花税： 附加费用： 其他费用：1 000.00 实际收付金额：305 515.80
备注：股票买卖	

海鑫证券公司锦州裕华路营业部 财务专用章

业务 42

业务43　12月13日，根据XS12003号合同开具发票并发货，同时支付代垫运费。上月末已预收部分货款。

业务43

附件43 $\frac{1}{4}$

辽宁增值税专用发票

021001900105　　此联不作报销、扣税凭证使用

№58726317　021001900105　58726317

开票日期：2022年12月13日

购买方	名　　称：保定隆祥超市有限公司 纳税人识别号：91130602106981019B 地 址 、电 话：河北省保定市新市区天鹅路501号　0312-7138822 开户行及账号：中国建设银行保定分行营业部　62662095880457618358	密码区	+201853802</6427><*18>323308 +5*6>19*7-1891236/8-9<63<92 530/0936>990209>1*026085<77 0-5860+/8>>5**7+1+6-883104>

货物或应税劳务、服务名称	规格型号	单位	数量	单价	金额	税率	税额
*电脑*联想笔记本	E41-25	台	200	4 500.00	900 000.00	13%	117 000.00
*电脑*联想台式机	扬天M4000e	台	100	4 600.00	460 000.00	13%	59 800.00
*电脑*联想笔记本	E52	台	300	5 800.00	1 740 000.00	13%	226 200.00
合　计					¥3 100 000.00		¥403 000.00
价税合计（大写）	⊗叁佰伍拾万零叁仟元整				（小写）¥3 503 000.00		

销售方	名　　称：辽宁中创商贸有限公司 纳税人识别号：91210600152387926T 地 址 、电 话：辽宁省锦州市太和区翠园街689号　0416-8311565 开户行及账号：中国工商银行锦州太和支行　6828579603952213879	备注	

收款人：王贺鑫　　复核：李春华　　开票人：赵艺丹　　销售方（章）

第一联 记账联 销售方记账凭证

税总函〔2022〕335号北京印钞厂

（印章：辽宁中创商贸有限公司 91210600152387926T 发票专用章）

附件43 $\frac{2}{4}$

出　库　单

客户：保定隆祥　　2022年12月13日　　单号：CK12008

发货仓库	存货编码	存货名称	规格型号	单位	数量 应发	数量 实发	单价	金额
1号仓库	12101	联想笔记本	E41-25	台	200	200		
1号仓库	11102	联想台式机	扬天M4000e	台	100	100		
1号仓库	12102	联想笔记本	E52	台	300	300		
合　计								

部门经理：略　　会计：略　　仓库：略　　经办人：略

附件43 $\frac{3}{4}$

付款申请书

2022年12月13日

用途及情况	金　额	收款单位（人）：沈阳通达物流有限公司
垫付运费	亿 千 百 十 万 千 百 十 元 角 分 ¥ 3 2 7 0 0 0	账　号：820114163108 开户行：中国银行沈阳皇姑支行
金额（大写）合计	人民币叁仟贰佰柒拾元整	支票☑　汇票☐　本票☐　电汇☐　其他☐

总经理	杨正林	财务部门	经理	李春华	业务部门	经　理	张鎏芳
			会计	王贺鑫		经办人	张鎏芳

附件 43 4/4

ICBC 中国工商银行
转账支票存根
21003365
24115319

西安西钞证券印制有限公司·2022 年印制

附加信息

出票日期：2022 年 12 月 13 日

收 款 人：	沈阳通达物流有限公司
金　　额：	¥3 270.00
用　　途：	代垫运费

单位主管：杨正林　　会计：王贺鑫

（印章：辽宁中创商贸……财务专……）

业务 44　12 月 13 日，根据 XS12004 号合同收取销售定金并发货。要求进行发货签回处理，发货合理损耗率为 6%。

业务 44

附件 44 1/2

ICBC 中国工商银行电汇凭证（收账通知）　4 70356802

☐普通　☑加急　　委托日期 2022 年 12 月 13 日

汇款人	全　称	营口泓发超市有限公司	收款人	全　称	辽宁中创商贸有限公司
	账　号	99659225860602513		账　号	6828579603952213879
	开户银行	中国农业银行营口西市支行		开户银行	中国工商银行锦州太和支行

金额	人民币（大写）	玖仟肆佰玖拾贰元整	亿	千	百	十	万	千	百	十	元	角	分
							¥	9	4	9	2	0	0

此汇款已收入收款人账户。

（印章：中国工商银行锦州太和支行 2022.12.13 转讫（9））

汇入行签章

支付密码

附加信息及用途：定金

复核　　记账

此联为开户行给收款人的收账通知

附件 44 2/2

出 库 单

客户：营口泓发　　2022 年 12 月 13 日　　单号：CK12009

发货仓库	存货编码	存货名称	规格型号	单位	数量 应发	数量 实发	单价	金额
2 号仓库	21201	爱国者 U 盘	64G	个	350	350		
合　计								

部门经理：略　　会计：略　　仓库：略　　经办人：略

业务45 12月14日，收到深圳裕丰根据CG12003号合同发来的货物及增值税专用发票。经查验，希捷移动硬盘短缺20个，系对方少发。

业务45

附件45 $\frac{1}{2}$

入库单

供应商：深圳裕丰　　2022年12月14日　　单号：RK12010

验收仓库	存货编码	存货名称	规格型号	单位	数量 应收	数量 实收	单价	金额
2号仓库	22101	西部数据移动硬盘	1TB	个	300	300		
2号仓库	22202	希捷移动硬盘	4TB	个	600	580		
合计								

部门经理：略　　会计：略　　仓库：略　　经办人：略

附件45 $\frac{2}{2}$

广东增值税专用发票

044001900105　　发票联　　№30138221　044001900105 30138221

开票日期：2022年12月14日

购买方	名称：辽宁中创商贸有限公司 纳税人识别号：91210600152387926T 地址、电话：辽宁省锦州市太和区翠园街689号 0416-8311565 开户行及账号：中国工商银行锦州太和支行 6828579603952213879	密码区	*/-><38>6540627034*/85/-2+9> 6435938/6>733473756396>76+- <051*8<6024>9*5-61867>158<2 228*/9*719+55<1+843604>2323

货物或应税劳务、服务名称	规格型号	单位	数量	单价	金额	税率	税额
*移动硬盘*西部数据	1TB	个	300	390.00	117 000.00	13%	15 210.00
*移动硬盘*希捷	4TB	个	600	1 200.00	720 000.00	13%	93 600.00
合计					¥837 000.00		¥108 810.00
价税合计（大写）	⊗玖拾肆万伍仟捌佰壹拾元整				（小写）¥945 810.00		

销售方	名称：深圳裕丰商贸有限公司 纳税人识别号：91440304192537836C 地址、电话：深圳市福田区平安路1198号 0755-86185973 开户行及账号：中国建设银行深圳福田支行 44207978550061020973	备注	深圳裕丰商贸有限公司 91440304192537836C 发票专用章

收款人：任晓晴　　复核：周芷卉　　开票人：陈佳男　　销售方（章）

第三联 发票联 购买方记账凭证

税总函〔2022〕335号北京印钞厂

业务46 12月14日，根据XS12002号合同所发货物发生质量问题，对方予以退货，辽宁中创开具红字发票。同时收到退货的运费发票。

业务46

附件46 $\frac{1}{3}$

辽宁增值税专用发票

021001900105　销项负数　　此联不作报销、扣税凭证使用　　№58726318　021001900105 58726318

开票日期：2022年12月14日

购买方	名称：锦州普惠超市有限公司 纳税人识别号：91210702531559686D 地址、电话：辽宁省锦州市古塔区北京路188号 0416-6526973 开户行及账号：中国银行锦州古塔支行 278682575076	密码区	500*0578*7220<255>7>27*567< 1860017-32>8-55<<98+>475616 <-+/50-548847>+*776/085174> *1089351414/23>>916/0+109*0

货物或应税劳务、服务名称	规格型号	单位	数量	单价	金额	税率	税额
*移动硬盘*希捷	1TB	个	-20	480.00	-9 600.00	13%	-1 248.00
合计					¥-9 600.00		¥-1 248.00
价税合计（大写）	⊗（负数）壹万零捌佰肆拾捌元整				（小写）¥-10 848.00		

销售方	名称：辽宁中创商贸有限公司 纳税人识别号：91210600152387926T 地址、电话：辽宁省锦州市太和区翠园街689号 0416-8311565 开户行及账号：中国工商银行锦州太和支行 6828579603952213879	备注	辽宁中创商贸有限公司 91210600152387926T 发票专用章

收款人：王贺鑫　　复核：李春华　　开票人：赵艺丹　　销售方（章）

第一联 记账联 销售方记账凭证

税总函〔2022〕335号北京印钞厂

附件46 2/3

出库单

客户：锦州普惠　　2022年12月14日　　单号：CK12010

发货仓库	存货编码	存货名称	规格型号	单位	数量		单价	金额
					应发	实发		
2号仓库	22201	希捷移动硬盘	1TB	个	-20	-20		
合计								

部门经理：略　会计：略　仓库：略　经办人：略

附件46 3/3

辽宁增值税专用发票

发票联

№35761289　021001900105 35761289

021001900105

开票日期：2022年12月14日

购买方	名称：辽宁中创商贸有限公司 纳税人识别号：91210600152387926T 地址、电话：辽宁省锦州市太和区翠园街689号 0416-8311565 开户行及账号：中国工商银行锦州太和支行 6828579603952213879	密码区	4+2340940>08861524909*87-/8 >88/*15820>>7*94641743<6*80 58+348744</0413-373>+<74656 439-2>*-6<6>648<>*21+/27418

货物或应税劳务、服务名称	规格型号	单位	数量	单价	金额	税率	税额
*应税劳务*运输费		千米	20	10.00	200.00	9%	18.00
合计					¥200.00		¥18.00
价税合计（大写）	⊗贰佰壹拾捌元整				（小写）¥218.00		

销售方	名称：沈阳通达物流有限公司 纳税人识别号：91210105357948262W 地址、电话：辽宁省沈阳市皇姑区振兴路968号 024-82961537 开户行及账号：中国银行沈阳皇姑支行 820114163108	备注	

收款人：王权烜　复核：杨更新　开票人：王瑞雪　销售方（章）

税总函〔2022〕335号北京印钞厂

第三联：发票联 购买方记账凭证

（印章：全国统一发票监制章 国家税务总局 辽宁省税务局；沈阳通达物流有限公司 91210105357948262W 发票专用章）

业务47 12月15日，支付广州鑫达期初所欠货款及CG12002号合同的代垫运费款。

业务47

附件47 1/2

付款申请书

2022年12月15日

用途及情况	金额	收款单位（人）：广州鑫达商贸有限公司
支付货款及代垫运费	亿 千 百 十 万 千 百 十 元 角 分 ¥ 3 8 4 6 7 2 0 0	账号：3602021585300040928 开户行：中国工商银行广州天河支行
金额（大写）合计	人民币叁拾捌万肆仟陆佰柒拾贰元整	支票□ 汇票□ 本票□ 电汇☑ 其他□

总经理	杨正林	财务部门	经理	李春华	业务部门	经理	张佳伦
			会计	王智鑫		经办人	赵乾

附件47 2/2

ICBC 中国工商银行电汇凭证（回单） 1　　38675923

☑普通　☐加急　　委托日期 2022 年 12 月 15 日

汇款人	全称	辽宁中创商贸有限公司	收款人	全称	广州鑫达商贸有限公司
	账号	6828579603952213879		账号	3602021585300040928
	开户银行	中国工商银行锦州太和支行		开户银行	中国工商银行广州天河支行
金额	人民币（大写）	叁拾捌万肆仟陆佰柒拾贰元整		亿千百十万千百十元角分	¥ 3 8 4 6 7 2 0 0
				支付密码	
				附加信息及用途：	支付货款及代垫运费
				复核	记账

此联为汇出行给汇款人的回单

中国工商银行锦州太和支行 2022.12.15 转讫（6）

业务48 12 月 15 日，根据 XS12003 号合同所发货物出现质量问题。

业务48

附件48 1/2

产品质量问题处理协议书

甲方：辽宁中创商贸有限公司

乙方：保定隆祥超市有限公司

甲方于 2022 年 12 月 4 日销售电脑给乙方，合同编号 XS12003。乙方于 2022 年 12 月 14 日收到全部货物后进行质检，认为该批货物中联想笔记本电脑（规格型号 E41-25、E52）质量存在瑕疵。经协商，双方达成如下协议：

1. 乙方质检部经检验认为该批笔记本电脑（规格型号 E41-25、E52）存在包装破损问题，影响销售。
2. 甲方给予乙方该批笔记本电脑（规格型号 E41-25、E52）货款（不含税）10% 的销售折让。
3. 乙方向当地税务机关申请开具红字增值税专用发票通知单，经税务机关审核后，甲方填开红字增值税专用发票。

甲　　方：辽宁中创商贸有限公司（辽宁中创商贸有限公司 合同专用章）王梅晓印
授权代表：张玺芬
日　　期：2022 年 12 月 15 日

乙　　方：保定隆祥超市有限公司（保定隆祥超市有限公司 合同专用章）王隆欣印
授权代表：李晓琳
日　　期：2022 年 12 月 15 日

附件48 2/2

021001900105　　**辽宁增值税专用发票**　　№58726319　021001900105 58726319
销项负数　　此联不作报销、扣税凭证使用　　开票日期：2022 年 12 月 15 日

购买方	名称：保定隆祥超市有限公司 纳税人识别号：91130602106981019B 地址、电话：河北省保定市新市区天鹅路 501 号　0312-7138822 开户行及账号：中国建设银行保定分行营业部　62662095880457618358	密码区：>3+/52627508030301327 5<<8*- 20703850+8->47**/11223*45>6 2865667<5>2>59573*4583>+24- >-<0742*28/+4321/811>21<139

货物或应税劳务、服务名称	规格型号	单位	数量	单价	金额	税率	税额
*电脑*联想笔记本	E41-25	台			-90 000.00	13%	-11 700.00
*电脑*联想笔记本	E52	台			-174 000.00	13%	-22 620.00
合计					¥-264 000.00		¥-34 320.00
价税合计（大写）	⊗（负数）贰拾玖万捌仟叁佰贰拾元整				（小写）¥-298 320.00		

销售方	名称：辽宁中创商贸有限公司 纳税人识别号：91210600152387926T 地址、电话：辽宁省锦州市太和区翠园街 689 号　0416-8311565 开户行及账号：中国工商银行锦州太和支行　6828579603952213879	备注：（辽宁中创商贸有限公司 91210600152387926T 发票专用章）

收款人：王贺鑫　　复核：李春华　　开票人：赵艺丹　　销售方（章）

第一联　记账联　销售方记账凭证

税总函〔2022〕335号北京印钞厂

业务 49　12月16日，对北京宏远根据CG12001号合同发来的第一批货物进行复检，发现部分商品存在质量问题，经协商予以退货。

业务 49

附件 49

入库单

供应商：北京宏远　　2022年12月16日　　单号：RK12011

验收仓库	存货编码	存货名称	规格型号	单位	数量		单价	金额
					应收	实收		
1号仓库	11201	华硕台式机	S340MC	台	-30	-30		
		合　计						

部门经理：略　　会计：略　　仓库：略　　经办人：略

业务 50　12月16日，支付本月广告费。

业务 50

附件 50 $\frac{1}{3}$

辽宁增值税专用发票

发票联

021001900105

№32803551　021001900105　32803551

开票日期：2022年12月16日

购买方	名　称：辽宁中创商贸有限公司 纳税人识别号：91210600152387926T 地 址、电 话：辽宁省锦州市太和区翠园街689号　0416-8311565 开户行及账号：中国工商银行锦州太和支行　6828579603952213879	密码区	4*56-1/*2</8013>5>-53*0*+88 177703134827 3-49<>32947>1>4 8106349<5573356712+<824981* 6>3+646+4<12-9/97997>>70*2/

货物或应税劳务、服务名称	规格型号	单位	数量	单价	金额	税率	税额
广告费		次	1	95 000.00	95 000.00	6%	5 700.00
合　计					¥95 000.00		¥5 700.00
价税合计（大写）	⊗壹拾万零柒佰元整				（小写）¥100 700.00		

销售方	名　称：锦州飞翔广告有限公司 纳税人识别号：91210600366072289F 地 址、电 话：辽宁省锦州市太和区林夕路13号　0416-3660719 开户行及账号：锦州银行云飞支行　410100213395689	备注	

收款人：翟飞燕　　复核：王云海　　开票人：周　琳　　销售方（章）

锦州飞翔广告有限公司　91210600366072289F　发票专用章

税总函〔2022〕335号北京印钞厂

第三联　发票联　购买方记账凭证

附件 50 $\frac{2}{3}$

付款申请书

2022年12月16日

用途及情况	金　额											收款单位（人）：锦州飞翔广告有限公司
支付本月广告费	亿	千	百	十	万	千	百	十	元	角	分	账　号：410100213395689
			¥	1	0	0	7	0	0	0	0	开户行：锦州银行云飞支行
金额（大写）合计	人民币壹拾万零柒佰元整											支票☑　汇票☐　本票☐　电汇☐　其他☐

总经理	杨正林	财务部门	经理	李春华	业务部门	经　理	张鎏芬
			会计	王贺鑫		经办人	屈卫明

附件50 $\frac{3}{3}$

中国银行

转账支票存根

21005916

20389014

附加信息

出票日期：2022年12月16日

收款人：	锦州飞翔广告有限公司
金额：	¥100 700.00
用途：	支付广告费

单位主管：杨正林 会计：王贺鑫

西安西钞证券印制有限公司·2022年印制

（印章：辽宁中创商贸……财务专用章）

业务51 12月16日，根据XS12001号合同收取第一批货物货款。

业务51

附件51

ICBC 中国工商银行电汇凭证（收账通知） 4 72351813

☐普通 ☑加急 委托日期2022年12月16日

汇款人	全称	北京聚鑫百货有限公司	收款人	全称	辽宁中创商贸有限公司
	账号	967823362405		账号	6828579603952213879
	开户银行	中国银行北京崇文支行		开户银行	中国工商银行锦州太和支行
金额	人民币（大写）	贰拾柒万肆仟陆佰捌拾元整		亿千百十万千百十元角分	¥27468000
此汇款已收入收款人账户。				支付密码	
				附加信息及用途：货款	
汇入行签章				复核 记账	

此联为开户行给收款人的收账通知

（印章：中国工商银行锦州太和支行 2022.12.16 转讫（9））

业务52 12月16日，支付冬季取暖费。

业务52

附件52 $\frac{1}{4}$

辽宁增值税专用发票

发票联

No59792227 021001900105 59792227

021001900105

开票日期：2022年12月16日

购买方	名称：辽宁中创商贸有限公司 纳税人识别号：91210600152387926T 地址、电话：辽宁省锦州市太和区翠园街689号 0416-8311565 开户行及账号：中国工商银行锦州太和支行 6828579603952213879			密码区	51>02>+7304-5<94845115836-3 488>9<2*77966-++5502020<0*1 02545>*9*14867087/277<90*12 /55>262715/*1+53>1-98/<>4>7		
货物或应税劳务、服务名称	规格型号	单位	数量	单价	金额	税率	税额
*热力*供暖费		平方米	1 000.98	25.00	25 024.50	9%	2 252.21
合计					¥25 024.50		¥2 252.21
价税合计（大写）	⊗贰万柒仟贰佰柒拾陆元柒角壹分				（小写）¥27 276.71		
销售方	名称：锦州惠泽供暖有限公司 纳税人识别号：912107009689295PHU 地址、电话：辽宁省锦州市古塔区和平路67号 0416-2387056 开户行及账号：锦州银行古塔支行 410100668494783			备注			

收款人：王欢 复核：吴艳 开票人：王东 销售方（章）

第三联 发票联 购买方记账凭证

税总函[2022]335号北京印钞厂

（印章：锦州惠泽供暖有限公司 912107009689295PHU 发票专用章）

附件52 $\frac{2}{4}$

付款申请书

2022年12月16日

<table>
<tr><td>用途及情况</td><td colspan="11">金　额</td><td colspan="4">收款单位（人）：锦州惠泽供暖有限公司</td></tr>
<tr><td rowspan="2">支付供暖费</td><td>亿</td><td>千</td><td>百</td><td>十</td><td>万</td><td>千</td><td>百</td><td>十</td><td>元</td><td>角</td><td>分</td><td colspan="4">账　号：410100668494783</td></tr>
<tr><td></td><td></td><td></td><td>¥</td><td>2</td><td>7</td><td>2</td><td>7</td><td>6</td><td>7</td><td>1</td><td colspan="4">开户行：锦州银行古塔支行</td></tr>
<tr><td>金额（大写）合计</td><td colspan="11">人民币贰万柒仟贰佰柒拾陆元柒角壹分</td><td colspan="4">支票☑　汇票☐　本票☐　电汇☐　其他☐</td></tr>
<tr><td rowspan="2">总经理</td><td rowspan="2" colspan="3">杨正林</td><td rowspan="2" colspan="3">财务部门</td><td colspan="2">经理</td><td colspan="3">李春华</td><td rowspan="2">业务部门</td><td>经　理</td><td colspan="2">李春华</td></tr>
<tr><td colspan="2">会计</td><td colspan="3">王贺鑫</td><td>经办人</td><td colspan="2">赵艺丹</td></tr>
</table>

附件52 $\frac{3}{4}$

中国银行

转账支票存根

21005916

20389015

附加信息

出票日期：2022年12月16日

收　款　人：	锦州惠泽供暖有限公司
金　　额：	¥27 276.71
用　　途：	支付供暖费

单位主管：杨正林　　会计：王贺鑫

西安西钞证券印制有限公司·2022年印制

辽宁中创商……财务专……

附件52 $\frac{4}{4}$

外购热力分配表

日期：2022年12月16日　　　　金额单位：元

受益对象	分配数量	分配率	分配金额
行政部	50		
人事部	40		
财务部	80		
采购部	50		
销售部	50		
仓储部	730.98		
合计	1 000.98		

审核：李春华　　　　制表：王贺鑫

业务 53 12月16日，收到营口泓发根据XS12004号合同回传的发货签回单。

附件 53

发货签回单

日期：2022年12月16日

发货单位	辽宁中创商贸有限公司	收货单位	营口泓发超市有限公司
地址	辽宁省锦州市太和区翠园街689号	地址	辽宁省营口市西市区三宝路106号
联系方式	张鉴芳：0416-8311565	联系方式	王甜甜：0417-7016633

发货仓库	存货编码	存货名称	规格型号	单位	数量		客户实收	溢缺原因
					应发	实发		
2号仓库	21201	爱国者U盘	64G	个	350	350	340	合理损耗
合计								

部门经理：略　　会计：略　　仓库：略　　经办人：略

业务 53

业务 54 12月17日，收到红字采购专用发票及退货款。(CG12001)

附件 54 1/2

北京增值税专用发票

011001900105　　№80172371　011001900105 80172371

销项负数　　发票联　　开票日期：2022年12月17日

购买方	名　　称：辽宁中创商贸有限公司 纳税人识别号：91210600152387926T 地址、电话：辽宁省锦州市太和区翠园街689号　0416-8311565 开户行及账号：中国工商银行锦州太和支行　6828579603952213879
密码区	012*>809526065057>221*>/432 >84363149/5*>03325626**3*76 7>9*<1+7-*29<-7639+472/<636 58/0332>0>96+-7723-6275<6<+

货物或应税劳务、服务名称	规格型号	单位	数量	单价	金额	税率	税额
*电脑*华硕台式机	S340MC	台	-30	4 400.00	-132 000.00	13%	-17 160.00
合计					¥-132 000.00		¥-17 160.00
价税合计（大写）	⊗（负数）壹拾肆万玖仟壹佰陆拾元整				（小写）¥-149 160.00		

销售方	名　　称：北京宏远商贸有限公司 纳税人识别号：91110112596516328M 地址、电话：北京市通州区云景西里279号　010-55697318 开户行及账号：交通银行北京通州支行　110001130770202336659
备注	北京宏远商贸有限公司 91110112596516328M 发票专用章

收款人：王雪松　　复核：于　丹　　开票人：胡月凯　　销售方（章）

税总函〔2022〕335号北京印钞厂

第三联 发票联 购买方记账凭证

业务 54

附件 54 2/2

ICBC 中国工商银行电汇凭证（收账通知） 4　38675922

☐普通　☑加急　　委托日期 2022年12月17日

汇款人	全　称	北京宏远商贸有限公司	收款人	全　称	辽宁中创商贸有限公司
	账　号	110001130770202336659		账　号	6828579603952213879
	开户银行	交通银行北京通州支行		开户银行	中国工商银行锦州太和支行
金额	人民币（大写）	壹拾肆万玖仟壹佰陆拾元整		亿千百十万千百十元角分	¥14916000

此汇款已收入收款人账户。

中国工商银行 锦州太和支行 2022.12.17 转讫 (9)

支付密码

附加信息及用途：货款

汇入行签章　　复核　　记账

此联为开户行给收款人的收账通知

业务55 12月17日，卖出股票。

附件55

海鑫证券（锦州裕华路）营业部

2022年12月17日	成交过户交割凭单	卖
股东代码：12386 股东账户：1002781 资金账号：88063999 股东姓名：辽宁中创商贸有限公司	证券名称：神宇股份　代码：300563 成交数量：5 000 成交价格：26.58 成交金额：132 900.00	
申请编号：882 申请时间：10:50:08 成交时间：10:58:28 资金前余额：944 484.20 资金余额：1 076 481.00 证券前余额：10 000股 本次余额：5 000股	标准佣金：298.20 过户费用：5.00 印花税： 附加费用： 其他费用：600.00 实际收付金额：131 996.80	
备注：股票买卖		

海鑫证券公司锦州裕华路营业部 财务专用章

业务55

业务56 12月17日，销售部张蓥芬与大连海龙签订购销合同，当日美元汇率为1∶6.7032。

附件56 1/2

购销合同

合同编号：XS12006

卖方：辽宁中创商贸有限公司
买方：大连海龙贸易有限公司

为保护买卖双方的合法权益，根据《中华人民共和国民法典》的有关规定，买卖双方经友好协商，一致同意签订本合同，并共同遵守合同约定。

一、货物的名称、数量及金额：

货物名称	规格型号	计量单位	数量	美元单价（不含税）	金额（不含税）	税率	税额
联想台式机	天逸510S	台	100	$720.00	$72 000.00		
合　计					$72 000.00		

二、合同总金额：美元柒万贰仟元整（$72 000.00）。

三、签订合同当日卖方发出全部货物，并于月底前开具发票。买方收到货物并验收合格后支付货款。结算方式：电汇。

四、交货地点：辽宁中创商贸有限公司。

五、发运方式与运输费用承担方式：由卖方发货，买方承担运输费用。

卖　　方：辽宁中创商贸有限公司　　　　买　　方：大连海龙贸易有限公司
授权代表：张蓥芬　　　　　　　　　　　授权代表：李福多
日　　期：2022年12月17日　　　　　　　日　　期：2022年12月17日

辽宁中创商贸有限公司 合同专用章　王梅晓印　　大连海龙贸易有限公司 合同专用章　王龙海印

业务56

附件56 2/2

出库单

客户：大连海龙　　　　2022年12月17日　　　　单号：CK12011

发货仓库	存货编码	存货名称	规格型号	单位	数量		单价	金额
					应发	实发		
1号仓库	11101	联想台式机	天逸510S	台	100	100		
		合　计						

部门经理：略　　会计：略　　仓库：略　　经办人：略

业务57 12月18日，根据CG12004号合同向北京盛达付款。

附件57 1/2

付款申请书

2022年12月18日

用途及情况	金额	收款单位（人）：北京盛达商贸有限公司
支付货款	亿 千 百 十 万 千 百 十 元 角 分 ¥ 3 1 1 4 4 0 0 0 0	账号：92130165065560973 开户行：中国农业银行北京东城支行
金额（大写）合计	人民币叁佰壹拾壹万肆仟肆佰元整	支票☐ 汇票☑ 本票☐ 电汇☐ 其他☐

总经理	杨正林	财务部门	经理	李春华	业务部门	经理	张佳伦
			会计	王贺鑫		经办人	赵乾

附件57 2/2

ICBC 银行承兑汇票（存根） 1

32003876
62175330

出票日期（大写）贰零贰贰年壹拾贰月壹拾捌日

出票人全称	辽宁中创商贸有限公司	收款人 全称	北京盛达商贸有限公司
出票人账号	6828579603952213879	账号	92130165065560973
付款行全称	中国工商银行锦州太和支行	开户银行	中国农业银行北京东城支行
出票金额	人民币（大写）叁佰壹拾壹万肆仟肆佰元整	亿 千 百 十 万 千 百 十 元 角 分	¥ 3 1 1 4 4 0 0 0 0
汇票到期日（大写）	贰零贰叁年零陆月壹拾捌日	付款行 行号	
承兑协议编号	999471488900933	地址	
本汇票请你行承兑，到期无条件付款。		本汇票已经承兑，到期日由本行付款。承兑行签章 承兑日期 2022年12月18日	密押
出票人签章		备注：	复核 记账

此联由出票人存查

（印章：辽宁中创商贸有限公司 财务专用章；王梅晓印；中国工商银行锦州太和支行 102191853736 汇票专用章）

业务58 12月18日，支付职工培训费。

附件58 1/3

021001900105

辽宁增值税专用发票

发票联

№95623470 021001900105 95623470

开票日期：2022年12月18日

购买方	名称：辽宁中创商贸有限公司 纳税人识别号：91210600152387926T 地址、电话：辽宁省锦州市太和区翠园街689号 0416-8311565 开户行及账号：中国工商银行锦州太和支行 6828579603952213879	密码区	>715/3241*7*84><1497189-9*1 1/860/9>363354>963+2>9819*> 379>4372<1+3007*592*91>-250 <8--1</09+2308+9357738630<1

货物或应税劳务、服务名称	规格型号	单位	数量	单价	金额	税率	税额
*生活服务*培训费		次	1	3 000.00	3 000.00	6%	180.00
合计					¥3 000.00		¥180.00
价税合计（大写）	⊗叁仟壹佰捌拾元整				（小写）¥3 180.00		

销售方	名称：锦州志诚培训有限公司 纳税人识别号：91210600631401230K 地址、电话：辽宁省锦州市太和区宜昌路5号 0416-7390503 开户行及账号：锦州银行云飞支行 410100213394398	备注	（印章：锦州志诚培训有限公司 91210600631401230K 发票专用章）

收款人：翟飞燕 复核：王云海 开票人：周琳 销售方（章）

第三联 发票联 购买方记账凭证

税总函〔2022〕335号北京印钞厂

业务57 业务58

附件 58 $\frac{2}{3}$

付款申请书

2022 年 12 月 18 日

用途及情况	金　额	收款单位（人）：锦州志诚培训有限公司
	亿 千 百 十 万 千 百 十 元 角 分	账　号：410100213394398
支付培训费	¥ 3 1 8 0 0 0	开户行：锦州银行云飞支行
金额（大写）合计	人民币叁仟壹佰捌拾元整	支票☑　汇票☐　本票☐　电汇☐　其他☐

总经理	杨正林	财务部门	经理	李春华	业务部门	经　理	李春华
			会计	王贺鑫		经办人	赵艺丹

附件 58 $\frac{3}{3}$

中国银行

转账支票存根

21005916

20389016

附加信息

出票日期：2022 年 12 月 18 日

收 款 人：锦州志诚培训有限公司

金　　额：¥3 180.00

用　　途：支付培训费

单位主管：杨正林　　会计：王贺鑫

西安西钞证券印制有限公司·2022年印制

（印章：辽宁中创商贸有限公司 财务专用章）

业务 59　12 月 18 日，与沈阳冠月进行受托代销结算。

业务 59

附件 59 $\frac{1}{5}$

商品代销清单

日期：2022 年 12 月 18 日　　№ 0000000002

委 托 方	沈阳冠月商贸有限公司			受 托 方	辽宁中创商贸有限公司		
账　号	210929078141867 6925			账　号	6828579603952213879		
开户银行	中国工商银行沈阳东陵支行			开户银行	中国工商银行锦州太和支行		
代销货物：代销货物名称	规格型号	计量单位	数量	单价（不含税）	金额	税率	税额
爱普生针式打印机	LQ-610K	台	200	700.00	140 000.00	13%	18 200.00
佳能喷墨打印机	E568	台	600	500.00	300 000.00	13%	39 000.00
惠普喷墨打印机	DJ1111	台	300	300.00	90 000.00	13%	11 700.00
佳能激光打印机	LBP2900	台	400	900.00	360 000.00	13%	46 800.00
惠普激光打印机	M104w	台	500	600.00	300 000.00	13%	39 000.00
价税合计	大写：人民币壹佰叁拾肆万肆仟柒佰元整				小写：¥1 344 700.00		
代销方式	收取手续费						
代销款结算时间	根据代销货物销售情况于每月 18 日结算						
代销款结算方式	电汇						
本月代销货物销售情况：代销货物名称	规格型号	计量单位	数 量	单价（不含税）	金额	税率	税额
爱普生针式打印机	LQ-610K	台	200	700.00	140 000.00	13%	18 200.00
佳能喷墨打印机	E568	台	600	500.00	300 000.00	13%	39 000.00
惠普喷墨打印机	DJ1111	台	300	300.00	90 000.00	13%	11 700.00
价税合计	大写：人民币伍拾玖万捌仟玖佰元整				小写：¥598 900.00		
本月代销款结算金额	大写：人民币伍拾玖万捌仟玖佰元整				小写：¥598 900.00		

主管：略　　审核：略　　制单：略　　受托方盖章：

（印章：辽宁中创商贸有限公司 合同专用章）

附件59 $\frac{2}{5}$

021001900105

辽宁增值税专用发票

发票联

№85371639 021001900105 85371639

开票日期：2022年12月18日

购买方	名称：辽宁中创商贸有限公司 纳税人识别号：91210600152387926T 地址、电话：辽宁省锦州市太和区翠园街689号 0416-8311565 开户行及账号：中国工商银行锦州太和支行 6828579603952213879				密码区	474>/48439/4*6<+>0736>6112+ 861->775>8152547*-2090>75/1 +59196507>56*>385092721408* 041/*2*20349-983<563-<8+1<<	
货物或应税劳务、服务名称	规格型号	单位	数量	单价	金额	税率	税额
*打印机*爱普生	LQ-610K	台	200	700.00	140 000.00	13%	18 200.00
*打印机*佳能	E568	台	600	500.00	300 000.00	13%	39 000.00
*打印机*惠普	DJ1111	台	300	300.00	90 000.00	13%	11 700.00
合计					¥530 000.00		¥68 900.00
价税合计（大写）	⊗伍拾玖万捌仟玖佰元整				（小写）¥598 900.00		
销售方	名称：沈阳冠月商贸有限公司 纳税人识别号：91210112851734658R 地址、电话：辽宁省沈阳市东陵区新华路66号 024-76883562 开户行及账号：中国工商银行沈阳东陵支行 2109290781418676925				备注	沈阳冠月商贸有限公司 91210112851734658R 发票专用章	

收款人：赵阳　　复核：吕贺　　开票人：田利群　　销售方（章）

税总函〔2022〕335号北京印钞厂

第三联 发票联 购买方记账凭证

附件59 $\frac{3}{5}$

付款申请书

2022年12月18日

用途及情况	金额	收款单位（人）：沈阳冠月商贸有限公司
支付代销货款	亿千百十万千百十元角分：¥542720.00	账号：2109290781418676925 开户行：中国工商银行沈阳东陵支行
金额（大写）合计	人民币伍拾肆万贰仟柒佰贰拾元整	支票☐ 汇票☐ 本票☐ 电汇☑ 其他☐

总经理	杨正林	财务部门	经理	李春华	业务部门	经理	张佳伦
			会计	王贺鑫		经办人	赵乾

附件59 $\frac{4}{5}$

ICBC 中国工商银行电汇凭证（回单）

1　38675924

☑普通 ☐加急

委托日期2022年12月18日

汇款人	全称	辽宁中创商贸有限公司	收款人	全称	沈阳冠月商贸有限公司
	账号	6828579603952213879		账号	2109290781418676925
	开户银行	中国工商银行锦州太和支行		开户银行	中国工商银行沈阳东陵支行
金额	人民币（大写）	伍拾肆万贰仟柒佰贰拾元整		亿千百十万千百十元角分	¥542720.00
				支付密码	
				附加信息及用途	支付代销货款
				复核	记账

中国工商银行锦州太和支行 2022.12.18 转讫（6）

此联为汇出行给汇款人的回单

附件59 5/5

辽宁增值税专用发票 №58726320 021001900105 58726320

021001900105 此联不作报销、扣税凭证使用 开票日期：2022年12月18日

购买方	名称：沈阳冠月商贸有限公司 纳税人识别号：91210112851734658R 地址、电话：辽宁省沈阳市东陵区新华路66号 024-76883562 开户行及账号：中国工商银行沈阳东陵支行 2109290781418676925			密码区	77>46>17+046761*91/42788077 30527->*7>6-5+461<728105*<4 57179/+611372<*115>1-10</1> 61/171>+860355*58>7359*<7-7		
货物或应税劳务、服务名称	规格型号	单位	数量	单价	金额	税率	税额
*应税劳务*代销手续费		次	1	53 000.00	53 000.00	6%	3 180.00
合 计					¥53 000.00		¥3 180.00
价税合计（大写）	⊗伍万陆仟壹佰捌拾元整				（小写）¥56 180.00		
销售方	名称：辽宁中创商贸有限公司 纳税人识别号：91210600152387926T 地址、电话：辽宁省锦州市太和区翠园街689号 0416-8311565 开户行及账号：中国工商银行锦州太和支行 6828579603952213879			备注			

收款人：王贺鑫 复核：李春华 开票人：赵艺丹 销售方（章）

第一联 记账联 销售方记账凭证

税总函［2022］335号北京印钞厂

业务60 12月19日，销售部屈卫明与盘锦福满签订直运销售合同，采购部赵乾与锦州志合签订直运采购合同。

业务60

附件60 1/2

购销合同

合同编号：ZX12001

卖方：辽宁中创商贸有限公司

买方：盘锦福满商贸有限公司

为保护买卖双方的合法权益，根据《中华人民共和国民法典》的有关规定，买卖双方经友好协商，一致同意签订本合同，并共同遵守合同约定。

一、货物的名称、数量及金额：

货物名称	规格型号	计量单位	数量	单价（不含税）	金额（不含税）	税率	税额
华为手机	Mate10	部	500	4 800.00	2 400 000.00	13%	312 000.00
合 计					¥2 400 000.00		¥312 000.00

二、合同总金额：人民币贰佰柒拾壹万贰仟元整（¥2 712 000.00）。

三、签订合同当日卖方交付全部商品。12月22日前卖方开具增值税专用发票，买方支付部分货款1 640 800.00元，12月31日前支付剩余货款800 000.00元。卖方给予买方10%的价格折扣。

四、交货地点：辽宁省锦州市凌河区万寿路89号。

五、发运方式与运输费用承担方式：由卖方发货，买方承担运输费用。

卖方：辽宁中创商贸有限公司 王梅晓印
授权代表：屈卫明
日期：2022年12月19日

买方：盘锦福满商贸有限公司 张满文印
授权代表：马斯维
日期：2022年12月19日

附件60 $\frac{2}{2}$

购销合同

合同编号：ZC12001

卖方：锦州志合商贸有限公司

买方：辽宁中创商贸有限公司

为保护买卖双方的合法权益，根据《中华人民共和国民法典》的有关规定，买卖双方经友好协商，一致同意签订本合同，并共同遵守合同约定。

一、货物的名称、数量及金额：

货物名称	规格型号	计量单位	数量	单价（不含税）	金额（不含税）	税率	税额
华为手机	Mate10	部	500	3 400.00	1 700 000.00	13%	221 000.00
合　计					¥1 700 000.00		¥221 000.00

二、合同总金额：人民币壹佰玖拾贰万壹仟元整（¥1 921 000.00）。

三、签订合同当日卖方交付全部商品，12月22日前开具增值税专用发票。买方验收合格后于月底前向卖方支付货款。

四、交货地点：辽宁省锦州市凌河区万寿路89号。

五、发运方式与运输费用承担方式：由卖方发货，买方承担运输费用。

卖　　方：锦州志合商贸有限公司（锦州志合商贸有限公司 合同专用章）（张刚志印）

授权代表：马晶晶

日　　期：2022年12月19日

买　　方：辽宁中创商贸有限公司（辽宁中创商贸有限公司 合同专用章）（王梅晓印）

授权代表：赵　乾

日　　期：2022年12月19日

业务61　12月19日，支付智能分拣系统修理费。

附件61 $\frac{1}{3}$

辽宁增值税专用发票

发票联

№67517695　021001900105　67517695

021001900105

开票日期：2022年12月19日

购买方		密码区	
名　　称：辽宁中创商贸有限公司 纳税人识别号：912106001523879 26T 地 址 、电 话：辽宁省锦州市太和区翠园街689号　0416-8311565 开户行及账号：中国工商银行锦州太和支行　6828579603952213879			7>50*14>2</561953+03*-**166 6806>4815539/6837+8+85<><13 >973*+</723<5>-93-8026-3511 1121759703>/56645>068300*3

货物或应税劳务、服务名称	规格型号	单位	数量	单价	金额	税率	税额
*应税劳务*修理修配劳务		次	1	1 100.00	1 100.00	13%	143.00
合　计					¥1 100.00		¥143.00
价税合计（大写）	⊗壹仟贰佰肆拾叁元整				（小写）¥1 243.00		

销售方	备注
名　　称：锦州新马机电有限公司 纳税人识别号：91210600392992576N 地 址 、电 话：辽宁省锦州市太和区城南街29号　0416-8599861 开户行及账号：锦州银行天马支行　410100817117128	锦州新马机电有限公司 91210600392992576N 发票专用章

收款人：荣　艺　　复核：宋　燕　　开票人：黄　敏　　销售方（章）

税总函〔2022〕335号北京印钞厂

第三联　发票联　购买方记账凭证

业务61

附件61 $\frac{2}{3}$

付款申请书

2022年12月19日

用途及情况	金额											收款单位（人）：锦州新马机电有限公司
支付修理费	亿	千	百	十	万	千	百	十	元	角	分	账　号：410100817117128
					¥	1	2	4	3	0	0	开户行：锦州银行天马支行
金额（大写）合计	人民币壹仟贰佰肆拾叁元整											支票☑　汇票☐　本票☐　电汇☐　其他☐

总经理	杨正林	财务部门	经理	李春华	业务部门	经　理	
			会计	王贺鑫		经办人	于艳霞

附件61 $\frac{3}{3}$

中国银行

转账支票存根

21005916

20389017

附加信息

出票日期：2022年12月19日

收款人：	锦州新马机电有限公司
金　额：	¥1 243.00
用　途：	支付修理费

单位主管：杨正林　　会计：王贺鑫

西安西钞证券印制有限公司·2022年印制

业务62　12月19日，收到CG12004号合同购货运费发票。

附件62

业务62

辽宁增值税专用发票

发票联

№35761295　021001900105　35761295

021001900105

开票日期：2022年12月19日

购买方	名　　称：辽宁中创商贸有限公司 纳税人识别号：91210600152387926T 地 址 、电 话：辽宁省锦州市太和区翠园街689号　0416-8311565 开户行及账号：中国工商银行锦州太和支行　6828579603952213879	密码区	7735>/7+47>3859>166-74282*7 20456*<>87**-4512330>57>2<4 4764<7+*26/917217989>7>1/1-6 8-1*9357+4365/60<62+7094<16

货物或应税劳务、服务名称	规格型号	单位	数量	单价	金额	税率	税额
*应税劳务*运输费		千米	500	4.00	2 000.00	9%	180.00
合　计					¥2 000.00		¥180.00
价税合计（大写）	⊗贰仟壹佰捌拾元整				（小写）¥2 180.00		

销售方	名　　称：沈阳通达物流有限公司 纳税人识别号：91210105357948262W 地 址 、电 话：辽宁省沈阳市皇姑区振兴路968号　024-82961537 开户行及账号：中国银行沈阳皇姑支行　820114163108	备注	沈阳通达物流有限公司 91210105357948262W 发票专用章

收款人：王权烜　　复核：杨更新　　开票人：王瑞雪　　销售方（章）

第三联　发票联　购买方记账凭证

税总函〔2022〕335号北京印钞厂

业务63 12月20日，销售部张鋆芬与营口泓发签订购销合同并发货。当日与XS12004号合同汇总开票并结清货款，同时XS12004号合同销售定金转为货款。

业务63

附件63 1/4

购 销 合 同

合同编号：XS12007

卖方：辽宁中创商贸有限公司

买方：营口泓发超市有限公司

为保护买卖双方的合法权益，根据《中华人民共和国民法典》的有关规定，买卖双方经友好协商，一致同意签订本合同，并共同遵守合同约定。

一、货物的名称、数量及金额：

货物名称	规格型号	计量单位	数量	单价（不含税）	金额（不含税）	税率	税额
联想台式机	天逸510S	台	200	4 900.00	980 000.00	13%	127 400.00
华硕台式机	M32CD	台	1 000	5 600.00	5 600 000.00	13%	728 000.00
惠普笔记本	薄锐ENVY13	台	1 100	8 500.00	9 350 000.00	13%	1 215 500.00
合 计					¥15 930 000.00		¥2 070 900.00

二、合同总金额：人民币壹仟捌佰万零玖佰元整（¥18 000 900.00）。

三、签订合同当日发出全部货物并开具增值税专用发票，买方支付货款。结算方式：电汇。

四、交货地点：辽宁中创商贸有限公司。

五、发运方式与运输费用承担方式：由卖方发货，买方承担运输费用。

卖 方：辽宁中创商贸有限公司 王梅晓印

授权代表：张鋆芬

日 期：2022年12月20日

买 方：营口泓发超市有限公司 迟泓彦印

授权代表：王甜甜

日 期：2022年12月20日

附件63 2/4

出 库 单

客户：营口泓发　　2022年12月20日　　单号：CK12012

发货仓库	存货编码	存货名称	规格型号	单位	数量 应发	数量 实发	单价	金额
1号仓库	11101	联想台式机	天逸510S	台	200	200		
1号仓库	11202	华硕台式机	M32CD	台	1 000	1 000		
1号仓库	12201	惠普笔记本	薄锐ENVY13	台	1 100	1 100		
合 计								

部门经理：略　会计：略　仓库：略　经办人：略

附件63 3/4

辽宁增值税专用发票

021001900105

此联不作报销、扣税凭证使用

№58726321 021001900105 58726321

开票日期：2022年12月20日

购买方	
名称	营口泓发超市有限公司
纳税人识别号	91210803766150450M
地址、电话	辽宁省营口市西市区三宝路106号 0417-7016633
开户行及账号	中国农业银行营口西市支行 99659225860602513

密码区：
>6>660194003</83781398->+2>
5>0756*5</7*-+9911<3-04*3<+
1>*167401667434096>79871/4+
0<96686367248-7>2963/1688

货物或应税劳务、服务名称	规格型号	单位	数量	单价	金额	税率	税额
*U盘*爱国者	64G	个	350	160.00	56 000.00	13%	7 280.00
*电脑*联想台式机	天逸510S	台	200	4 900.00	980 000.00	13%	127 400.00
*电脑*华硕台式机	M32CD	台	1 000	5 600.00	5 600 000.00	13%	728 000.00
*电脑*惠普笔记本	薄锐ENVY13	台	1 100	8 500.00	9 350 000.00	13%	1 215 500.00
合 计					¥15 986 000.00		¥2 078 180.00
价税合计（大写）	⊗壹仟捌佰零陆万肆仟壹佰捌拾元整				（小写）¥18 064 180.00		

销售方	
名称	辽宁中创商贸有限公司
纳税人识别号	91210600152387926T
地址、电话	辽宁省锦州市太和区翠园街689号 0416-8311565
开户行及账号	中国工商银行锦州太和支行 6828579603952213879

备注：辽宁中创商贸有限公司 91210600152387926T 发票专用章

收款人：王贺鑫　复核：李春华　开票人：赵艺丹　销售方（章）

第一联 记账联 销售方记账凭证

税总函〔2022〕335号北京印钞厂

附件63 $\frac{4}{4}$

ICBC 中国工商银行电汇凭证（收账通知）　4　70356804

□普通　☑加急　　　委托日期 2022年12月20日

汇款人	全　称	营口泓发超市有限公司	收款人	全　称	辽宁中创商贸有限公司
	账　号	99659225860602513		账　号	6828579603952213879
	开户银行	中国农业银行营口西市支行		开户银行	中国工商银行锦州太和支行

金额	人民币（大写）	亿	千	百	十	万	千	百	十	元	角	分
	壹仟捌佰零伍万肆仟陆佰捌拾捌元整	¥	1	8	0	5	4	6	8	8	0	0

此汇款已收入收款人账户。 中国工商银行 锦州太和支行 2022.12.20 转讫（9） 汇入行签章	支付密码 附加信息及用途：货款 复核　　记账

此联为开户行给收款人的收账通知

业务64　12月20日，将本月购买的办公楼出租。

附件64 $\frac{1}{2}$

租赁合同

出租方：辽宁中创商贸有限公司（以下简称甲方）

承租方：锦州恒泰商务有限公司（以下简称乙方）

为盘活公司现有资产，发挥现有闲置场所的经济效益，甲方将2#办公楼出租给乙方管理使用，为明确双方权利义务关系，协商签订本合同，共同信守。

一、租期为三年，自2022年12月31日起至2025年12月31日止。

二、租金及交纳：乙方应于2022年12月31日前一次性交付全年租金，总计叁拾万元整（不含税）。

三、甲方对出租的财产有监督权，并每月检查一次，如发现乙方有不当使用或损坏情况时，督促乙方维修。

四、乙方承租经营期间发生的财产损失及人身安全责任均由乙方承担。

五、合同期满，乙方应将承租的2#办公楼交还甲方，其他财产如有丢失损坏（正常折旧除外）应负责修复或折价赔偿，乙方添置的财产自行处理。同等条件下乙方优先承租，如不再续租，乙方应自合同期满之日起十日内撤出属于乙方的财产。逾期不搬视为自动放弃财产权。

六、本合同自双方签字盖章并经公证之日起生效，除依据法律规定或经双方协商同意后方可变更、解除外，任何一方单方毁约应向对方偿付租金总额10%的违约金。

七、合同争议的解决方式。本合同在履行过程中发生的争议，由甲乙双方协商解决；协商不成的，依法向人民法院提起诉讼。

出　租　方：辽宁中创商贸有限公司（辽宁中创商贸有限公司 合同专用章）（王晓梅印）
授权代表：张滢芬
日　　期：2022年12月20日

承　租　方：锦州恒泰商务有限公司（锦州恒泰商务有限公司 合同专用章）（张泰明印）
授权代表：王润华
日　　期：2022年12月20日

业务64

附件64 $\frac{2}{2}$

董事会决议

为了充分利用现有资源，发挥最大效用，经董事会协商决定将本月购买的2#办公楼对外出租，该办公楼的公允价值为人民币伍佰捌拾万元整（¥5 800 000.00）。

辽宁中创商贸有限公司（辽宁中创商贸有限公司 印）（王晓梅印）
2022年12月20日

业务65　12月20日，支付CG12003号合同货款。

附件65 $\frac{1}{2}$

付款申请书

2022年12月20日

用途及情况	金额	收款单位（人）：深圳裕丰商贸有限公司
支付货款	亿 千 百 十 万 千 百 十 元 角 分 ¥ 9 1 2 3 3 0 0 0	账　号：44207978550061020973 开户行：中国建设银行深圳福田支行
金额（大写）合计	人民币玖拾壹万贰仟叁佰叁拾元整	支票☐　汇票☐　本票☐　电汇☑　其他☐

总经理	杨正林	财务部门	经理	李春华	业务部门	经　理	张佳伦
			会计	王贺鑫		经办人	张佳伦

附件65 $\frac{2}{2}$

ICBC 中国工商银行电汇凭证（回单）

1　38675925

☑普通　☐加急　　委托日期2022年12月20日

汇款人		收款人	
全　称	辽宁中创商贸有限公司	全　称	深圳裕丰商贸有限公司
账　号	6828579603952213879	账　号	44207978550061020973
开户银行	中国工商银行锦州太和支行	开户银行	中国建设银行深圳福田支行
金额 人民币（大写）	玖拾壹万贰仟叁佰叁拾元整	亿 千 百 十 万 千 百 十 元 角 分	¥ 9 1 2 3 3 0 0 0
		支付密码	
		附加信息及用途：货款	
		复核　　记账	

中国工商银行 锦州太和支行 2022.12.20 转讫 (6)

此联为汇出行给汇款人的回单

业务66　12月21日，根据WT12001号合同所售货物因发生质量问题而退货。

附件66 $\frac{1}{4}$

出库单

客户：沈阳宝泰　　2022年12月21日　　单号：CK12013

发货仓库	存货编码	存货名称	规格型号	单位	数量 应发	数量 实发	单价	金额
3号仓库	30101	华为手机	荣耀10	部	-15	-15	3 200.00	
	合　计							

部门经理：略　　会计：略　　仓库：略　　经办人：略

附件66 $\frac{2}{4}$

辽宁增值税专用发票

021001900105　　№58726322　　021001900105　58726322

销项负数　　此联不作报销、扣税凭证使用　　开票日期：2022年12月21日

购买方	名　　称：沈阳宝泰商贸有限公司 纳税人识别号：91210103291938726X 地 址 、电 话：辽宁省沈阳市铁西区百花路2号　024-65308833 开户行及账号：中国农业银行沈阳百花支行　58306115806269276	密码区	03764<2+46<6</*93>4/757+669 25-59>18>7*7555/-<08*025204 2/+3>5*7+9-27*67>0<*14>1988 5394947>8801-032208>6536752

货物或应税劳务、服务名称	规格型号	单位	数量	单价	金额	税率	税额
*手机*华为	荣耀10	部	-15	4 000.00	-60 000.00	13%	-7 800.00
合　计					¥-60 000.00		¥-7 800.00
价税合计（大写）	⊗（负数）陆万柒仟捌佰元整				（小写）¥-67 800.00		

销售方	名　　称：辽宁中创商贸有限公司 纳税人识别号：91210600152387926T 地 址 、电 话：辽宁省锦州市太和区翠园街689号　0416-8311565 开户行及账号：中国工商银行锦州太和支行　6828579603952213879	备注	辽宁中创商贸有限公司 91210600152387926T 发票专用章

收款人：王贺鑫　　复核：李春华　　开票人：赵艺丹　　销售方（章）

税总函〔2022〕335号北京印钞厂

第一联　记账联　销售方记账凭证

业务65　业务66

附件66 3/4

付款申请书

2022年12月21日

用途及情况	金额											收款单位（人）：沈阳宏泰商贸有限公司
支付退货款	亿	千	百	十	万	千	百	十	元	角	分	账　号：58306115806269276
				¥	6	7	8	0	0	0	0	开户行：中国农业银行沈阳百花支行
金额（大写）合计	人民币陆万柒仟捌佰元整											支票☐ 汇票☐ 本票☐ 电汇☑ 其他☐

总经理	杨正林	财务部门	经理	李春华	业务部门	经　理	张鉴芬
			会计	王智鑫		经办人	张鉴芬

附件66 4/4

ICBC 中国工商银行电汇凭证（回单）　1　38675926

☑普通　☐加急

委托日期2022年12月21日

汇款人	全　称	辽宁中创商贸有限公司	收款人	全　称	沈阳宏泰商贸有限公司
	账　号	6828579603952213879		账　号	58306115806269276
	开户银行	中国工商银行锦州太和支行		开户银行	中国农业银行沈阳百花支行

金额	人民币（大写）	陆万柒仟捌佰元整	亿	千	百	十	万	千	百	十	元	角	分
						¥	6	7	8	0	0	0	0

支付密码

附加信息及用途：退货款

复核　　记账

中国工商银行锦州太和支行 2022.12.21 转讫（6）

此联为汇出行给汇款人的回单

业务67 12月21日，收到活期存款利息。当日美元汇率为1：6.7040

附件67 1/3

中国工商银行（锦州太和支行）计付利息清单（收款通知）

2022年12月21日

单位名称：辽宁中创商贸有限公司

结算账户：6828579603952213879			存款账号：6828579603952213879		
编号	计息类型	计息起讫日期	计息积数	利率	利息金额
	活期储蓄存款	2022-11-21~2022-12-20	3 698 614.28	0.35%	12 945.15
摘要：利息				金额合计	¥12 945.15
金额合计（大写）人民币壹万贰仟玖佰肆拾伍元壹角伍分					

中国工商银行锦州太和支行 2022.12.21 转讫（7）

复核　　记账

业务67

附件67 2/3

中国银行（锦州太和支行）计付利息清单（收款通知）

2022年12月21日

单位名称：辽宁中创商贸有限公司					
结算账户：863311239305			存款账号：863311239305		
编号	计息类型	计息起讫日期	计息积数	利率	利息金额
	活期储蓄存款	2022-11-21~2022-12-20	2 725 320.00	0.35%	9 538.62
摘要：利息				金额合计	¥9 538.62
金额合计（大写）人民币玖仟伍佰叁拾捌元陆角贰分					

工商银行 锦州太和支行 2022.12.21 转讫（1）

复核 记账

附件67 3/3

中国银行（锦州太和支行）计付利息清单（收款通知）

2022年12月21日

单位名称：辽宁中创商贸有限公司					
结算账户：863711235996			存款账号：863711235996		
编号	计息类型	计息起讫日期	计息积数	利率	利息金额
	活期储蓄存款	2022-11-21~2022-12-20	174 957.14	0.35%	612.35
摘要：利息				金额合计	$612.35
金额合计（大写）美元陆佰壹拾贰元叁角伍分					

工商银行 锦州太和支行 2022.12.21 转讫（1）

复核 记账

业务68 12月21日，支付账户维护费。

附件68 1/2

中国工商银行（锦州太和支行）付款通知书

2022年12月21日

机构号 交易代码

单位名称：辽宁中创商贸有限公司		
账号：6828579603952213879		
摘要 账户维护费 100.00	金额合计	¥100.00
金额合计（大写）人民币壹佰元整		

中国工商银行 锦州太和支行 2022.12.21 转讫（7）

注：此付款通知书加盖我行业务公章方可有效。

流水号 经办

业务68

附件 68 2/2

中国银行（锦州太和支行）付款通知书

2022年12月21日

机构号　　　　　　　　　　　　　　　交易代码

单位名称：辽宁中创商贸有限公司	
账号：863311239305	
摘要 账户维护费　100.00	金额合计　¥100.00
金额合计（大写）人民币壹佰元整	

（印章：中国银行 锦州太和支行 2022.12.21 转讫 (1)）

注：此付款通知书加盖我行业务公章方可有效

流水号　　　　　　　　　　　　　　　经办

业务 69　12月21日，根据XS12001号合同发出第二批货物并开票。

业务 69

附件 69 1/2

辽宁增值税专用发票

No58726323　021001900105　58726323

021001900105　此联不作报销、扣税凭证使用　　开票日期：2022年12月21日

（印章：全国统一发票监制章 国家税务总局 辽宁省税务局）

购买方	名称：北京聚鑫百华有限公司 纳税人识别号：91110102802655861E 地址、电话：北京市崇文区金马路312号　010-89652320 开户行及账号：中国银行北京崇文支行　967823362405	密码区	92-+98<41750242+649/95023>9 *5/363073*3<*24>+9/99893935 */83-96<5/943+<24507000>5*> 6-4>85319-742>09<>20104>7*5

货物或应税劳务、服务名称	规格型号	单位	数量	单价	金额	税率	税额
*电脑*戴尔台式机	成就3668	台	60	6 300.00	378 000.00	13%	49 140.00
合计					¥378 000.00		¥49 140.00
价税合计（大写）	⊗肆拾贰万柒仟壹佰肆拾元整					（小写）	¥427 140.00

销售方	名称：辽宁中创商贸有限公司 纳税人识别号：91210600152387926T 地址、电话：辽宁省锦州市太和区翠园街689号　0416-8311565 开户行及账号：中国工商银行锦州太和支行　6828579603952213879	备注	（印章：辽宁中创商贸有限公司 91210600152387926T 发票专用章）

收款人：王贺鑫　　复核：李春华　　开票人：赵艺丹　　销售方（章）

税总函〔2022〕335号北京印钞厂

第一联 记账联 销售方记账凭证

附件 69 2/2

出库单

客户：北京聚鑫　　　　2022年12月21日　　　　单号：CK12014

发货仓库	存货编码	存货名称	规格型号	单位	数量 应发	数量 实发	单价	金额
1号仓库	11301	戴尔台式机	成就3668	台	60	60		
合计								

部门经理：略　　会计：略　　仓库：略　　经办人：略

业务70 12月22日，根据ZX12001号合同开具直运销售发票，当日收到锦州志合根据ZC12001号合同开具的直运采购发票。上月末已预付锦州志合部分货款。

业务70

附件70 $\frac{1}{3}$

辽宁增值税专用发票

此联不作报销、扣税凭证使用

021001900105　No58726324　021001900105 58726324

开票日期：2022年12月22日

购买方	名称：盘锦福满商贸有限公司 纳税人识别号：91211100697102305R 地址、电话：辽宁省盘锦市太行区益民路88号 0427-5732057 开户行及账号：中国建设银行盘锦太行支行 96281072313180875688				密码区	49/943*41-9*1-585567*77</85 /11193*260+35-883+6<609+6*7 <0054>791<951-144057>790>>* 1503357>441<>2/>95247+4115>	
货物或应税劳务、服务名称	规格型号	单位	数量	单价	金额	税率	税额
*手机*华为	Mate10	部	500	4 800.00	2 400 000.00	13%	312 000.00
折扣（10%）					-240 000.00	13%	-31 200.00
合计					¥2 160 000.00		¥280 800.00
价税合计（大写）	⊗贰佰肆拾肆万零捌佰元整					（小写）	¥2 440 800.00
销售方	名称：辽宁中创商贸有限公司 纳税人识别号：91210600152387926T 地址、电话：辽宁省锦州市太和区翠园街689号 0416-8311565 开户行及账号：中国工商银行锦州太和支行 6828579603952213879				备注	辽宁中创商贸有限公司 91210600152387926T 发票专用章	

收款人：王贺鑫　复核：李春华　开票人：赵艺丹　销售方（章）

第一联 记账联 销售方记账凭证

税总函〔2022〕335号北京印钞厂

附件70 $\frac{2}{3}$

ICBC 中国工商银行电汇凭证（收账通知） 4 80723626

☐普通 ☑加急

委托日期 2022年12月22日

汇款人	全称	盘锦福满商贸有限公司	收款人	全称	辽宁中创商贸有限公司
	账号	96281072313180875688		账号	6828579603952213879
	开户银行	中国建设银行盘锦太行支行		开户银行	中国工商银行锦州太和支行
金额	人民币（大写）	壹佰陆拾肆万零捌佰元整		亿千百十万千百十元角分	¥ 1 6 4 0 8 0 0 0 0
此汇款已收入收款人账户。				支付密码	
				附加信息及用途：货款	
汇入行签章				复核　记账	

中国工商银行锦州太和支行 2022.12.22 转讫 (9)

此联为开户行给收款人的收账通知

附件70 $\frac{3}{3}$

辽宁增值税专用发票

发票联

021001900105　No82052269　021001900105 82052269

开票日期：2022年12月22日

购买方	名称：辽宁中创商贸有限公司 纳税人识别号：91210600152387926T 地址、电话：辽宁省锦州市太和区翠园街689号 0416-8311565 开户行及账号：中国工商银行锦州太和支行 6828579603952213879				密码区	3>116187><+89*30>60/8/1-7*0 2031<7800521*8873+6154139<> /70934*16+62025>8567889></* <2-944311>35+8*777-9>6-2418	
货物或应税劳务、服务名称	规格型号	单位	数量	单价	金额	税率	税额
*手机*华为	Mate10	部	500	3 400.00	1 700 000.00	13%	221 000.00
合计					¥1 700 000.00		¥221 000.00
价税合计（大写）	⊗壹佰玖拾贰万壹仟元整					（小写）	¥1 921 000.00
销售方	名称：锦州志合商贸有限公司 纳税人识别号：91210703353517826N 地址、电话：辽宁省锦州市凌河区万寿路89号 0416-2508367 开户行及账号：中国银行锦州凌河支行 276210563818				备注	锦州志合商贸有限公司 91210703353517826N 发票专用章	

收款人：刘洋　复核：徐晓霞　开票人：高丹　销售方（章）

第三联 发票联 购买方记账凭证

税总函〔2022〕335号北京印钞厂

业务71　12月22日，收取锦州普惠XS12002号合同货款及期初应收款。

业务71

附件71　ICBC 中国工商银行　进账单　（收账通知）　3

2022年12月22日

出票人	全称	锦州普惠超市有限公司	收款人	全称	辽宁中创商贸有限公司
	账号	278682575076		账号	6828579603952213879
	开户银行	中国银行锦州古塔支行		开户银行	中国工商银行锦州太和支行
金额	人民币（大写）	贰佰壹拾伍万肆仟贰佰叁拾贰元整		亿千百十万千百十元角分	￥215423200
票据种类	转账支票	票据张数 1			
票据号码	32405312				
复核　记账			收款人开户银行签章		

中国工商银行 锦州太和支行 2022.12.22 转讫 (7)

此联为银行交给收款人的收账通知

业务72　12月23日，与沈阳宝泰进行资产置换。

业务72

附件72 $\frac{1}{6}$

资产置换协议

协议编号：ZH12001

甲方：辽宁中创商贸有限公司　　乙方：沈阳宝泰商贸有限公司

住址：辽宁省锦州市太和区翠园街689号　　住址：辽宁省沈阳市铁西区百花路2号

甲乙双方经协商一致达成如下资产置换协议：

1. 置换标的

甲方换出资产：

货物名称	规格型号	计量单位	数量	单价（不含税）	金额（不含税）	税率	税额
奥迪轿车		辆	1	200 000.00	200 000.00	13%	26 000.00

乙方换出资产：

货物名称	规格型号	计量单位	数量	单价（不含税）	金额（不含税）	税率	税额
戴尔台式机	成就3668	台	34	5 800.00	197 200.00	13%	25 636.00

2. 置换范围和方式

甲乙双方聘请资产评估机构以2022年12月23日为资产置换评估基准日进行评估，甲方换出资产的评估价值为200 000.00元（不含税），乙方换出资产的公允价值为197 200.00元（不含税）。本次资产置换补价部分3 164.00元由乙方向甲方支付现金。

3. 置换的生效

置换自置换的生效日起正式生效。置换的生效日期为本协议签订日。虽然置换行为在协议签署后才实施，置换的生效有追溯性。

甲　　方：辽宁中创商贸有限公司（辽宁中创商贸有限公司 合同专用章）（王梅晓印）　　乙　　方：沈阳宝泰商贸有限公司（沈阳宝泰商贸有限公司 合同专用章）（郑泰宏印）

授权代表：张佳伦　　授权代表：平永婷

日　　期：2022年12月23日　　日　　期：2022年12月23日

附件72 $\frac{2}{6}$

固定资产处置明细表

类别	编号	名称	购入日期	原值	累计折旧	处置方式	备注
轿车	310002	奥迪轿车	2021-01-23	360 000.00	134 136.00	非货币性资产交换	

附件72 $\frac{3}{6}$

辽宁增值税专用发票

№58726325 021001900105 58726325

021001900105 此联不作报销、扣税凭证使用 开票日期：2022年12月23日

购买方	名称：沈阳宝泰商贸有限公司 纳税人识别号：91210103291938726X 地址、电话：辽宁省沈阳市铁西区百花路2号 024-65308833 开户行及账号：中国农业银行沈阳百花支行 58306115806269276			密码区	1*5+989-48<73-><>>+46966912 45>9/0407*97/6851*290*687>> 88/3+*402185/656<8180*69->7 2+-098>752<5641<71465237839		
货物或应税劳务、服务名称	规格型号	单位	数量	单价	金额	税率	税额
*运输工具*奥迪轿车		辆	1	200 000.00	200 000.00	13%	26 000.00
合计					¥200 000.00		¥26 000.00
价税合计（大写）	⊗贰拾贰万陆仟元整					（小写）	¥226 000.00
销售方	名称：辽宁中创商贸有限公司 纳税人识别号：91210600152387926T 地址、电话：辽宁省锦州市太和区翠园街689号 0416-8311565 开户行及账号：中国工商银行锦州太和支行 6828579603952213879			备注			

收款人：王贺鑫 复核：李春华 开票人：赵艺丹 销售方（章）

第一联 记账联 销售方记账凭证

税总函〔2022〕335号北京印钞厂

附件72 $\frac{4}{6}$

入库单

供应商：沈阳宝泰 2022年12月23日 单号：RK12012

验收仓库	存货编码	存货名称	规格型号	单位	数量		单价	金额
					应收	实收		
1号仓库	11301	戴尔台式机	成就3668	台	34	34		
合计								

部门经理：略 会计：略 仓库：略 经办人：略

附件 72 $\frac{5}{6}$

辽宁增值税专用发票

发票联

№20178936　021001900105　20178936

021001900105

开票日期：2022年12月23日

购买方	名　称：辽宁中创商贸有限公司 纳税人识别号：91210600152387926T 地址、电话：辽宁省锦州市太和区翠园街689号　0416-8311565 开户行及账号：中国工商银行锦州太和支行　6828579603952213879				密码区	<282+536-<17153797-76+7+76> <46-67>5765/446290066>02420 4694*485>716-05>9**788*18<* <7>/1/725392417/>9>+173*063	
货物或应税劳务、服务名称	规格型号	单位	数量	单价	金额	税率	税额
*电脑*戴尔台式机	成就3668	台	34	5 800.00	197 200.00	13%	25 636.00
合　计					¥197 200.00		¥25 636.00
价税合计（大写）	⊗贰拾贰万贰仟捌佰叁拾陆元整					（小写）	¥222 836.00
销售方	名　称：沈阳宝泰商贸有限公司 纳税人识别号：91210103291938726X 地址、电话：辽宁省沈阳市铁西区百花路2号　024-65308833 开户行及账号：中国农业银行沈阳百花支行　58306115806269276				备注	沈阳宝泰商贸有限公司　91210103291938726X　发票专用章	

收款人：赵婷婷　　复核：张　维　　开票人：李佳琪　　销售方（章）

税总函〔2022〕335号北京印钞厂

第三联　发票联　购买方记账凭证

附件 72 $\frac{6}{6}$

ICBC 中国工商银行电汇凭证（收账通知）　4　98224833

□普通　☑加急　　委托日期　2022年12月23日

汇款人	全　称	沈阳宝泰商贸有限公司	收款人	全　称	辽宁中创商贸有限公司
	账　号	58306115806269276		账　号	6828579603952213879
	开户银行	中国农业银行沈阳百花支行		开户银行	中国工商银行锦州太和支行
金额	人民币（大写）	叁仟壹佰陆拾肆元整		亿千百十万千百十元角分	¥316400
此汇款已收入收款人账户。		汇入行签章	支付密码		
			附加信息及用途：货款		
			复核　　记账		

中国工商银行锦州太和支行　2022.12.23　转讫（9）

此联为开户行给收款人的收账通知

业务 73　12月23日，银行承兑汇票到期收款。

附件 73 $\frac{1}{2}$

银行承兑汇票　2

59299837

62178329

出票日期（大写）　贰零贰贰年零陆月贰拾叁日

出票人全称	北京嘉美超市有限公司	收款人	全　称	辽宁中创商贸有限公司	
出票人账号	41090735785013685392		账　号	6828579603952213879	
付款行全称	中国建设银行北京宣武支行		开户银行	中国工商银行锦州太和支行	
出票金额	人民币（大写）叁拾万元整			亿千百十万千百十元角分	¥30000000
汇票到期日（大写）	贰零贰贰年壹拾贰月贰拾叁日	付款行	行号		
承兑协议编号	79425956832067		地址		
本汇票请你行承兑，到期无条件付款。 出票人签章		本汇票已经承兑，到期日由本行付款。 承兑行签章 承兑日期　2022年6月23日		密押	
		备注：		复核　　记账	

北京嘉美超市有限公司　财务专用章　吴美嘉印

中国建设银行北京宣武支行　105100011023　汇票专用章

此联收款人开户行随托收凭证寄付款行作借方凭证附件

业务 73

附件73 $\frac{2}{2}$

托收凭证（汇款依据或收账通知）　4

委托日期2022年12月23日　　　　付款期限2022年12月23日

业务类型	委托收款（□邮划　□电划）			托收承付（□邮划　□电划）			
付款人	全称	北京嘉美超市有限公司		收款人	全称	辽宁中创商贸有限公司	
	账号	41090735785013685392			账号	6828579603952213879	
	地址	北京市宣武区	开户行：中国建设银行北京宣武支行		地址	辽宁省锦州市	开户行：中国工商银行锦州太和支行
金额	人民币（大写）叁拾万元整				亿千百十万千百十元角分	¥ 3 0 0 0 0 0 0 0	
款项内容	货款	托收凭据名称	银行承兑汇票	附寄单证张数	1		
商品发运情况	已发出			合同名称号码	XS11009		
备注： 复核　记账	上列款项已划回收入你方账户内。 收款人开户银行签章 2022年12月23日						

（印章：中国工商银行锦州太和支行 2022.12.23 转讫 (9)）

此联付款人开户行凭以汇款或收款人开户银行作收账通知

业务74　12月23日，根据FQ12001号分期收款销售合同收取第一期款项。

业务74

附件74 $\frac{1}{2}$

辽宁增值税专用发票　№58726326　021001900105 58726326

021001900105　此联不作报销、扣税凭证使用　开票日期：2022年12月23日

（印章：全国统一发票监制章 国家税务总局 辽宁省税务局）

购买方	名称：天津惠阳商贸有限公司 纳税人识别号：91120104572036908N 地址、电话：天津市南开区中华路三段88号　022-81329367 开户行及账号：中国农业银行天津南开支行　28067250462086709				密码区	6696293<9*264418-54->>41*5+ /<848/8*793*73813613>+/69>> 783*95776-6909<38/+765*3208 243-<10284>5>0>12+147781<0	
货物或应税劳务、服务名称	规格型号	单位	数量	单价	金额	税率	税额
*手机*华为	麦芒6	部	100	3 600.00	360 000.00	13%	46 800.00
合　计					¥360 000.00		¥46 800.00
价税合计（大写）	⊗肆拾万零陆仟捌佰元整					（小写）	¥406 800.00
销售方	名称：辽宁中创商贸有限公司 纳税人识别号：91210600152387926T 地址、电话：辽宁省锦州市太和区翠园街689号　0416-8311565 开户行及账号：中国工商银行锦州太和支行　6828579603952213879				备注	（印章：辽宁中创商贸有限公司 91210600152387926T 发票专用章）	

收款人：王贺鑫　　复核：李春华　　开票人：赵艺丹　　销售方（章）

税总函[2022]335号北京印钞厂

第一联　记账联　销售方记账凭证

附件74 $\frac{2}{2}$

ICBC 中国工商银行电汇凭证（收账通知）　4　24023365

□普通　☑加急　　　2022年12月23日

汇款人	全称	天津惠阳商贸有限公司	收款人	全称	辽宁中创商贸有限公司
	账号	28067250462086709		账号	6828579603952213879
	开户银行	中国农业银行天津南开支行		开户银行	中国工商银行锦州太和支行
金额	人民币（大写）	肆拾万零陆仟捌佰元整	亿千百十万千百十元角分	¥ 4 0 6 8 0 0 0 0	
此汇款已收入收款人账户。 汇入行签章			支付密码 附加信息及用途：货款 复核　记账		

（印章：中国工商银行锦州太和支行 2022.12.23 转讫 (9)）

此联为开户行给收款人的收账通知

业务75　12月24日，将未售出的受托代销商品退回沈阳冠月。

附件75

入　库　单

供应商：沈阳冠月　　　　2022年12月24日　　　　单号：RK12013

验收仓库	存货编码	存货名称	规格型号	单位	数量		单价	金额
					应收	实收		
4号仓库	43101	佳能激光打印机	LBP2900	台	-400	-400	900.00	
4号仓库	43201	惠普激光打印机	M104w	台	-500	-500	600.00	
合　计								

部门经理：略　　会计：略　　仓库：略　　经办人：略

业务75

业务76　12月24日，销售部张鎏芬与沈阳宝泰签订售后回购销售合同，同时出借包装物一批。

附件76 1/5

购 销 合 同

合同编号：TX12002

卖方：辽宁中创商贸有限公司

买方：沈阳宝泰商贸有限公司

为保护买卖双方的合法权益，根据《中华人民共和国民法典》的有关规定，买卖双方经友好协商，一致同意签订本合同，并共同遵守合同约定。

一、货物的名称、数量及金额：

货物名称	规格型号	计量单位	数量	单价（不含税）	金额（不含税）	税率	税额
西部数据移动硬盘	2TB	个	300	980.00	294 000.00	13%	38 220.00
合　计					¥294 000.00		¥38 220.00

二、合同总金额：人民币叁拾叁万贰仟贰佰贰拾元整（¥332 220.00）。

三、签订合同当日，卖方发出全部货物，买方向卖方以电汇方式支付332 220.00元。卖方于5个月后以323 400.00元的价格（不含税）将所售商品购回。卖方发货同时出借包装物30个，本月末前买方可留购包装物，售价为120元/个（不含税）。

四、交货地点：辽宁中创商贸有限公司。

五、发运方式与运输费用承担方式：由卖方发货，买方承担运输费用。

卖　　方：辽宁中创商贸有限公司　　（合同专用章）（王梅晓印）

授权代表：张鎏芬

日　　期：2022年12月24日

买　　方：沈阳宝泰商贸有限公司　　（合同专用章）（郑泰宏印）

授权代表：平永婷

日　　期：2022年12月24日

业务76

附件76 2/5

辽宁增值税专用发票

2100190010５ 　此联不作报销、扣税凭证使用　　№58726327　2100190010５ 58726327

开票日期：2022年12月24日

购买方	名　　称：沈阳宝泰商贸有限公司 纳税人识别号：91210103291938726X 地 址 、电 话：辽宁省沈阳市铁西区百花路2号　024-65308833 开户行及账号：中国农业银行沈阳百花支行　58306115806269276	密码区	55187>9593/419>-705-<4+558* >32<1<8854/+-97386926894-86 635<>/>350454326603>2577>31 043/8*28+2**60<891+13*315*>

货物或应税劳务、服务名称	规格型号	单位	数量	单价	金额	税率	税额
*移动硬盘*西部数据	2TB	个	300	980.00	294 000.00	13%	38 220.00
合　计					¥294 000.00		¥38 220.00
价税合计（大写）	⊗叁拾叁万贰仟贰佰贰拾元整					（小写）	¥332 220.00

销售方	名　　称：辽宁中创商贸有限公司 纳税人识别号：91210600152387926T 地 址 、电 话：辽宁省锦州市太和区翠园街689号　0416-8311565 开户行及账号：中国工商银行锦州太和支行　6828579603952213879	备注	（辽宁中创商贸有限公司 91210600152387926T 发票专用章）

收款人：王贺鑫　　复核：李春华　　开票人：赵艺丹　　销售方（章）

第一联　记账联　销售方记账凭证

税总函〔2022〕335号北京印钞厂

附件 76$\frac{3}{5}$

ICBC 中国工商银行电汇凭证（收账通知）　4 98224835

☐普通　☑加急

委托日期 2022 年 12 月 24 日

汇款人	全称	沈阳宏泰商贸有限公司	收款人	全称	辽宁中创商贸有限公司
	账号	58306115806269276		账号	6828579603952213879
	开户银行	中国农业银行沈阳百花支行		开户银行	中国工商银行锦州太和支行
金额	人民币（大写）	叁拾叁万贰仟贰佰贰拾元整		亿千百十万千百十元角分	¥33222000
此汇款已收入收款人账户。				支付密码	
				附加信息及用途：货款	
		汇入行签章		复核　记账	

中国工商银行 锦州太和支行 2022.12.24 转讫（9）

此联为开户行给收款人的收账通知

附件 76$\frac{4}{5}$

出库单

客户：沈阳宏泰　　2022 年 12 月 24 日　　单号：CK12015

发货仓库	存货编码	存货名称	规格型号	单位	数量 应发	数量 实发	单价	金额
2号仓库	22102	西部数据移动硬盘	2TB	个	300	300		
合计								

部门经理：略　　会计：略　　仓库：略　　经办人：略

附件 76$\frac{5}{5}$

其他出库单

客户：沈阳宏泰　　2022 年 12 月 24 日　　单号：0000000002

发货仓库	存货编码	存货名称	规格型号	单位	数量 应发	数量 实发	单价	金额
周转材料仓	71001	包装箱	中号	个	30	30		
合计								

部门经理：略　　会计：略　　仓库：略　　经办人：略

业务77　12月25日，收取XS12003号合同剩余货款。

附件77

业务77

银行承兑汇票　2

67023859
97130256

出票日期（大写）贰零贰贰年壹拾贰月贰拾伍日

出票人全称	保定隆祥超市有限公司	收款人	全称	辽宁中创商贸有限公司											
出票人账号	62662095880457618358		账号	6828579603952213879											
付款行全称	中国建设银行保定分行营业部		开户银行	中国工商银行锦州太和支行											
出票金额	人民币（大写）叁佰万零柒仟玖佰伍拾元整			亿	千	百	十	万	千	百	十	元	角	分	
					¥	3	0	0	7	9	5	0	0	0	
汇票到期日（大写）	贰零贰叁年零陆月贰拾伍日	付款行	行号												
承兑协议编号	345911290311404		地址												
本汇票请你行承兑，到期无条件付款。出票人签章（保定隆祥超市有限公司 财务专用章）（王隆欣印）		本汇票已经承兑，到期日由本行付款。承兑行签章（中国建设银行保定分行营业部 101568129238 汇票专用章）承兑日期 2022年12月25日		密押											
		备注：		复核　记账											

此联收款人开户行随托收凭证寄付款行作借方凭证附件

业务78　12月25日，根据ZX12001号合同收到盘锦福满出具的银行承兑汇票，当日背书转让给锦州志合，另签发转账支票支付锦州志合货款。

附件78 $\frac{1}{5}$

业务78

银行承兑汇票　2

37003859
52931786

出票日期（大写）贰零贰贰年壹拾贰月贰拾伍日

出票人全称	盘锦福满商贸有限公司	收款人	全称	辽宁中创商贸有限公司											
出票人账号	96281072313180875688		账号	6828579603952213879											
付款行全称	中国建设银行盘锦太行支行		开户银行	中国工商银行锦州太和支行											
出票金额	人民币（大写）捌拾万元整			亿	千	百	十	万	千	百	十	元	角	分	
						¥	8	0	0	0	0	0	0	0	
汇票到期日（大写）	贰零贰叁年零陆月贰拾伍日	付款行	行号												
承兑协议编号	4665172352621		地址												
本汇票请你行承兑，到期无条件付款。出票人签章（盘锦福满商贸有限公司 财务专用章）（张满文印）		本汇票已经承兑，到期日由本行付款。承兑行签章（中国建设银行盘锦太行支行 10152930261 汇票专用章）承兑日期 2022年12月25日		密押											
		备注：		复核　记账											

此联收款人开户行随托收凭证寄付款行作借方凭证附件

附件78 $\frac{2}{5}$

被背书人　锦州志合商贸有限公司	被背书人
（辽宁中创商贸有限公司 财务专用章）（王梅晓印）背书人签章 2022年12月25日	背书人签章 年　月　日

（粘贴单处）

西安西部证卷印制有限公司·2022年印制

附件78 $\frac{3}{5}$

付款申请书

2022年12月25日

用途及情况	金额											收款单位（人）：锦州志合商贸有限公司
支付货款	亿	千	百	十	万	千	百	十	元	角	分	账　号：276210563818
			¥	8	0	0	0	0	0	0	0	开户行：中国银行锦州凌河支行
金额（大写）合计	人民币捌拾万元整											支票☐ 汇票☑ 本票☐ 电汇☐ 其他☐

总经理	杨正林	财务部门	经理	李春华	业务部门	经　理	张佳伦
			会计	王贺鑫		经办人	赵　乾

附件78 $\frac{4}{5}$

付款申请书

2022年12月25日

用途及情况	金额											收款单位（人）：锦州志合商贸有限公司
支付货款	亿	千	百	十	万	千	百	十	元	角	分	账　号：276210563818
			¥	1	2	1	0	0	0	0	0	开户行：中国银行锦州凌河支行
金额（大写）合计	人民币壹拾贰万壹仟元整											支票☑ 汇票☐ 本票☐ 电汇☐ 其他☐

总经理	杨正林	财务部门	经理	李春华	业务部门	经　理	张佳伦
			会计	王贺鑫		经办人	赵　乾

附件78 $\frac{5}{5}$

ICBC 中国工商银行

转账支票存根

21003365

24115320

附加信息

出票日期：2022年12月25日

收款人：	锦州志合商贸有限公司
金　额：	¥121 000.00
用　途：	支付货款

单位主管：杨正林　　会计：王贺鑫

西安西钞证券印制有限公司·2022年印制

辽宁中创商
财务

业务79 12月26日，销售部屈卫明交来门市部零售货款。

业务79

附件79 1/3

辽宁增值税普通发票

021001900105

此联不作报销、扣税凭证使用

№31172956 021001900105 31172956

开票日期：2022年12月26日

税总函〔2022〕335号北京印钞厂

购买方	名　　称：零散客户 纳税人识别号： 地 址 、电 话： 开户行及账号：				密码区	69<4798045*2/2<45<9>+2+420/ 1755040*75-207777112>942*8* *6206>>4+29/71/-8>9016>1+60 06-3>447267-<49*949499<2>85	
货物或应税劳务、服务名称	规格型号	单位	数量	单价	金额	税率	税额
*手机*OPPO	R15	部	30	2 548.67	76 460.18	13%	9 939.82
合　计					¥76 460.18		¥9 939.82
价税合计（大写）	⊗捌万陆仟肆佰元整				（小写）¥86 400.00		
销售方	名　　称：辽宁中创商贸有限公司 纳税人识别号：91210600152387926T 地 址 、电 话：辽宁省锦州市太和区翠园街689号 0416-8311565 开户行及账号：中国工商银行锦州太和支行 6828579603952213879				备注	辽宁中创商贸有限公司 91210600152387926T 发票专用章	

第一联 记账联 销售方记账凭证

收款人：王贺鑫　　复核：李春华　　开票人：赵艺丹　　销售方（章）

附件79 2/3

出库单

客户：零散客户　　2022年12月26日　　单号：CK12016

发货仓库	存货编码	存货名称	规格型号	单位	数量 应发	数量 实发	单价	金额
门市仓	30201	OPPO手机	R15	部	30	30		
合　计								

部门经理：略　　会计：略　　仓库：略　　经办人：略

附件79 3/3

收　据

2022年12月26日　　№ 45672098

交款单位（人）零散客户　　收款方式 现金

人民币合计（大写）捌万陆仟肆佰元整

（小写）¥86 400.00

交款事由 零售日报款

现金收讫

辽宁中创商贸有限公司 财务专用章

第二联：记账联

会计：王贺鑫　　出纳：赵艺丹　　复核：李春华

业务 80　12月26日，收到员工违纪罚款。

附件 80

收　据

2022年12月26日　　№ 45672099

交款单位（人）	赵乾
收款方式	现金
人民币合计（大写）	贰佰元整
（小写）	¥200.00
交款事由	违纪罚款

会计：王贺鑫　　出纳：赵艺丹　　复核：李春华

第二联：记账联

（印章：现金收讫；辽宁中创商贸有限公司 财务专用章）

业务 80

业务 81　12月26日，将现金存入银行。

附件 81

中国工商银行现金存款凭条

缴款日期：2022年12月26日

存款人	全　称	辽宁中创商贸有限公司		
	账　号	6828579603952213879	款项来源	货款
	开户行	中国工商银行锦州太和支行	交 款 人	赵艺丹

金额（大写）	金额（小写）	亿	千	百	十	万	千	百	十	元	角	分
壹拾壹万伍仟元整				¥	1	1	5	0	0	0	0	0

票　面	张数	十	万	千	百	十	元	票　面	张数	千	百	十	元	角	分	备注：
壹佰元	1 100	1	1	0	0	0	0	伍　角								
伍拾元	80			4	0	0	0	壹　角								
贰拾元	20				4	0	0	伍　分								
拾　元	35				3	5	0	壹　分								
伍　元	50				2	5	0	其　他								
壹　元																

第二联 收款人入账通知

（印章：中国工商银行锦州太和支行 2022.12.26 业务专用章）

业务 81

业务 82　12月26日，根据XS12006号合同开具发票，当日美元汇率为1：6.7058。

附件 82

辽宁增值税专用发票

021001900105　此联不作报销、扣税凭证使用

№58726328　021001900105 58726328

开票日期：2022年12月26日

购买方	名　　称：大连海龙贸易有限公司 纳税人识别号：91210213391510011H 地 址 、电 话：大连市金州区万福东路1023号　0411-83691851 开户行及账号：中国工商银行大连金州支行　3602025617968908175	密码区	<955-33-7393*/236<227242532 3<+39*7508972581>19/75>>621 47623<1*3028>17>23+/*<96/-> 0*1++72>9*90>695159955732-7

货物或应税劳务、服务名称	规格型号	单位	数量	单价	金额	税率	税额
*电脑*联想台式机	天逸 510S	台	100	4 828.18	482 817.60		
合　计					¥482 817.60		
价税合计（大写）	⊗肆拾捌万贰仟捌佰壹拾柒元陆角整				（小写）¥482 817.60		

销售方	名　　称：辽宁中创商贸有限公司 纳税人识别号：91210600152387926T 地 址 、电 话：辽宁省锦州市太和区翠园街689号　0416-8311565 开户行及账号：中国工商银行锦州太和支行　6828579603952213879	备注	结算金额$72 000.00 折算汇率1：6.7058

收款人：王贺鑫　　复核：李春华　　开票人：赵艺丹　　销售方（章）

第一联 记账联 销售方记账凭证

税总函〔2022〕335号北京印钞厂

（印章：全国统一发票监制章 国家税务总局 辽宁省税务局；辽宁中创商贸有限公司 91210600152387926T 发票专用章）

业务 82

业务83　12月27日，根据TX12002号合同，沈阳宝泰留购包装物。

业务83

附件83 1/4

其他入库单

客户：沈阳宝泰　　2022年12月27日　　单号：0000000002

发货仓库	存货编码	存货名称	规格型号	单位	数量		单价	金额
					应发	实发		
周转材料仓	71001	包装箱	中号	个	30	30		
合　计								

部门经理：略　　会计：略　　仓库：略　　经办人：略

附件83 2/4

出库单

客户：沈阳宝泰　　2022年12月27日　　单号：CK12017

发货仓库	存货编码	存货名称	规格型号	单位	数量		单价	金额
					应发	实发		
周转材料仓	71001	包装箱	中号	个	30	30		
合　计								

部门经理：略　　会计：略　　仓库：略　　经办人：略

附件83 3/4

辽宁增值税专用发票

No58726329　021001900105 58726329

021001900105　此联不作报销、扣税凭证使用　开票日期：2022年12月27日

购买方	名称：沈阳宝泰商贸有限公司 纳税人识别号：91210103291938726X 地址、电话：辽宁省沈阳市铁西区百花路2号 024-65308833 开户行及账号：中国农业银行沈阳百花支行 58306115806269276	密码区	4*4/42-6>54635<9>84>0981396 252576+/>3*-537219*7</6++<6 4*196151612050<->188*367632 >893859615-7449*740/>>08<3+

货物或应税劳务、服务名称	规格型号	单位	数量	单价	金额	税率	税额
*周转材料*包装箱	中号		30	120.00	3 600.00	13%	468.00
合　计					¥3 600.00		¥468.00
价税合计（大写）	⊗肆仟零陆拾捌元整				（小写）¥4 068.00		

销售方	名称：辽宁中创商贸有限公司 纳税人识别号：91210600152387926T 地址、电话：辽宁省锦州市太和区翠园街689号 0416-8311565 开户行及账号：中国工商银行锦州太和支行 6828579603952213879	备注	

收款人：王贺鑫　　复核：李春华　　开票人：赵艺丹　　销售方（章）

第一联　记账联　销售方记账凭证

税总函〔2022〕335号北京印钞厂

（印章：全国统一发票监制章 国家税务总局 辽宁省税务局）
（印章：辽宁中创商贸有限公司 91210600152387926T 发票专用章）

附件83 4/4

ICBC 中国工商银行电汇凭证（收账通知）　4 98224837

□普通　☑加急　　2022年12月27日

汇款人	全　称	沈阳宏泰商贸有限公司	收款人	全　称	辽宁中创商贸有限公司
	账　号	58306115806269276		账　号	6828579603952213879
	开户银行	中国农业银行沈阳百花支行		开户银行	中国工商银行锦州太和支行
金额	人民币（大写）	肆仟零陆拾捌元整		亿千百十万千百十元角分	¥406800
此汇款已收入收款人账户。				支付密码	
				附加信息及用途：货款	
汇入行签章				复核　记账	

中国工商银行锦州太和支行 2022.12.27 转讫（9）

此联为开户行给收款人的收账通知

业务84　12月27日，销售部张蓥芬与盘锦福满签订购销合同。（无法估计退货率）

附件84 1/4

业务84

购销合同

合同编号：TX12003

卖方：辽宁中创商贸有限公司

买方：盘锦福满商贸有限公司

为保护买卖双方的合法权益，根据《中华人民共和国民法典》的有关规定，买卖双方经友好协商，一致同意签订本合同，并共同遵守合同约定。

一、货物的名称、数量及金额：

货物名称	规格型号	计量单位	数量	单价（不含税）	金额（不含税）	税率	税额
小米手机	6X	部	100	2 600.00	260 000.00	13%	33 800.00
合　计					¥260 000.00		¥33 800.00

二、合同总金额：人民币贰拾玖万叁仟捌佰元整（¥293 800.00）。

三、签订合同当日卖方发出全部商品，买方支付全部货款。2023年1月23日前买方有权退货。

四、交货地点：辽宁中创商贸有限公司。

五、发运方式与运输费用承担方式：由卖方发货，买方承担运输费用。

卖　　方：辽宁中创商贸有限公司（合同专用章）　王梅晓印

授权代表：张蓥芬

日　　期：2022年12月27日

买　　方：盘锦福满商贸有限公司（合同专用章）　张满文印

授权代表：马斯维

日　　期：2022年12月27日

附件84 2/4

辽宁增值税专用发票　№58726330　021001900105 58726330

021001900105　此联不作报销、扣税凭证使用　开票日期：2022年12月27日

购买方	名　称：盘锦福满商贸有限公司				密码区	794<5-<4342828759>4458>5652	
	纳税人识别号：91211100697102305R					1>411>84**951*060<5*260377-	
	地址、电话：辽宁省盘锦市太行区益民路88号 0427-5732057					>3543137<065/4965+5645*/+5<	
	开户行及账号：中国建设银行盘锦太行支行 96281072313180875688					3>/54*+68203315/1464>->+33-	

货物或应税劳务、服务名称	规格型号	单位	数量	单价	金额	税率	税额
*手机*小米	6X	部	100	2 600.00	260 000.00	13%	33 800.00
合　计					¥260 000.00		¥33 800.00
价税合计（大写）	⊗贰拾玖万叁仟捌佰元整				（小写）¥293 800.00		

销售方	名　称：辽宁中创商贸有限公司	备注
	纳税人识别号：91210600152387926T	
	地址、电话：辽宁省锦州市太和区翠园街689号 0416-8311565	
	开户行及账号：中国工商银行锦州太和支行 6828579603952213879	

收款人：王贺鑫　复核：李春华　开票人：赵艺丹　销售方（章）

（辽宁中创商贸有限公司 91210600152387926T 发票专用章）

税总函[2022] 335号北京印钞厂

第一联 记账联 销售方记账凭证

附件 84 $\frac{3}{4}$

ICBC 中国工商银行电汇凭证（收账通知） 4 80723629

□普通 ☑加急

2022 年 12 月 27 日

汇款人	全称	盘锦福满商贸有限公司	收款人	全称	辽宁中创商贸有限公司
	账号	96281072313180875688		账号	6828579603952213879
	开户银行	中国建设银行盘锦大行支行		开户银行	中国工商银行锦州太和支行
金额	人民币（大写）	贰拾玖万叁仟捌佰元整		亿千百十万千百十元角分	¥ 2 9 3 8 0 0 0 0
此汇款已收入收款人账户。				支付密码	
				附加信息及用途：货款	
		汇入行签章		复核	记账

中国工商银行 锦州太和支行 2022.12.27 转讫 (9)

此联为开户行给收款人的收账通知

附件 84 $\frac{4}{4}$

出库单

客户：盘锦福满　　2022 年 12 月 27 日　　单号：CK12018

发货仓库	存货编码	存货名称	规格型号	单位	数量		单价	金额
					应发	实发		
3号仓库	30301	小米手机	6X	部	100	100		
合计								

部门经理：略　　会计：略　　仓库：略　　经办人：略

业务 85 12 月 28 日，根据 XS12001 号合同收取第二批货物的货款。

附件 85

ICBC 中国工商银行电汇凭证（收账通知） 4 72351816

□普通 ☑加急

委托日期 2022 年 12 月 28 日

汇款人	全称	北京聚鑫百货有限公司	收款人	全称	辽宁中创商贸有限公司
	账号	967823362405		账号	6828579603952213879
	开户银行	中国银行北京崇文支行		开户银行	中国工商银行锦州太和支行
金额	人民币（大写）	肆拾壹万贰仟零贰拾元整		亿千百十万千百十元角分	¥ 4 1 2 0 2 0 0 0
此汇款已收入收款人账户。				支付密码	
				附加信息及用途：货款	
		汇入行签章		复核	记账

中国工商银行 锦州太和支行 2022.12.28 转讫 (9)

此联为开户行给收款人的收账通知

业务 85

业务86 12月28日，将银行承兑汇票贴现。

业务86

附件86 1/3

银行承兑汇票 2

67023859
97130256

出票日期（大写） 贰零贰贰年壹拾贰月贰拾伍日

出票人全称	保定隆祥超市有限公司	收款人	全称	辽宁中创商贸有限公司
出票人账号	62662095880457618358		账号	6828579603952213879
付款行全称	中国建设银行保定分行营业部		开户银行	中国工商银行锦州太和支行
出票金额	人民币（大写）叁佰万零柒仟玖佰伍拾元整		亿千百十万千百十元角分	¥300795000
汇票到期日（大写）	贰零贰叁年零陆月贰拾伍日	付款行	行号	
承兑协议编号	345911290311404		地址	

本汇票请你行承兑，到期无条件付款。
出票人签章（保定隆祥超市有限公司 财务专用章；王隆欣印）

本汇票已经承兑，到期日由本行付款。
承兑行签章（中国建设银行保定分行营业部 101568129238 汇票专用章）
承兑日期 2022 年 12 月 25 日
备注：

密押
复核 记账

此联收款人开户行随托收凭证寄付款行作借方凭证附件

附件86 2/3

被背书人 中国银行锦州太和支行	被背书人
背书人签章（辽宁中创商贸有限公司 财务专用章；王梅晓印） 2022年12月28日	背书人签章 年 月 日

（粘贴单处）

西安西特证券印制有限公司 2022年印制

附件86 3/3

贴现凭证 收账通知 ④

申请日期 2022年12月28日　　第19165号

贴现汇票	种类	银行承兑汇票 号码 97130256	持票人	名称	辽宁中创商贸有限公司
	出票日	2022年12月25日		账号	863311239305
	到期日	2023年6月25日		开户银行	中国银行锦州太和支行
汇票承兑人（或银行）名称		保定隆祥超市有限公司	账号		开户银行
汇票金额（即贴现金额）		人民币（大写）叁佰万零柒仟玖佰伍拾元整		亿千百十万千百十元角分	¥300795000
贴现率每月 6‰		贴现利息 千百十万千百十元角分 ¥11009097		实付贴现金额	¥289785903

上述款项已入你单位账户。
此致
贴现申请人

银行盖章（中国银行锦州太和支行 2022.12.28 转讫（6））

备注：

此联为银行给申请人的收账通知

业务87　12月28日，元旦将至，公司将库存华为Mate10手机作为福利发给公司员工。(成本价3 500元/部)

附件87 1/2

业务87

其他出库单

2022年12月28日　　单号：0000000003

发货仓库	存货编码	存货名称	规格型号	单位	数量		单价	金额
					应发	实发		
3号仓库	30103	华为手机	Mate10	部	10	10		
合　计								

部门经理：略　　会计：略　　仓库：略　　经办人：略

附件87 2/2

员工福利发放登记表

2022年12月28日

部门	姓名	商品名称	规格型号	数量	领取人签名	发放人签名
行政部	杨正林	华为手机	Mate10	1	杨正林	于艳淼
人事部	于浩	华为手机	Mate10	1	于浩	于艳淼
财务部	李春华	华为手机	Mate10	1	李春华	于艳淼
财务部	王贺鑫	华为手机	Mate10	1	王贺鑫	于艳淼
财务部	赵艺丹	华为手机	Mate10	1	赵艺丹	于艳淼
采购部	张佳伦	华为手机	Mate10	1	张佳伦	于艳淼
采购部	赵乾	华为手机	Mate10	1	赵乾	于艳淼
销售部	张蓥芬	华为手机	Mate10	1	张蓥芬	于艳淼
销售部	屈卫明	华为手机	Mate10	1	屈卫明	于艳淼
仓储部	于艳淼	华为手机	Mate10	1	于艳淼	于艳淼
合计				10	—	—

总经理：杨正林　　审核：李春华　　会计：王贺鑫　　经办人：于艳淼

业务88　12月31日，收到正卓财产保险公司保险赔款。

附件88

业务88

ICBC 中国工商银行　进账单　（收账通知）　3

2022年12月31日

出票人	全　称	正卓财产保险公司	收款人	全　称	辽宁中创商贸有限公司
	账　号	410100392900741		账　号	6828579603952213879
	开户银行	锦州银行天马支行		开户银行	中国工商银行锦州太和支行
金额	人民币（大写）	肆仟叁佰玖拾柒元捌角玖分		亿千百十万千百十元角分	¥439789
票据种类	银行本票	票据张数	1		
票据号码	17388165				
复核　记账				收款人开户银行签章	

中国工商银行 锦州太和支行 2022.12.31 转讫 (6)

此联是银行交给收款人的收账通知

业务89　12月31日，支付本月运输费用。

业务89

附件89 1/2

付款申请书

2022年12月31日

用途及情况	金额	收款单位（人）：沈阳通达物流有限公司
支付运费	亿 千 百 十 万 千 百 十 元 角 分	账　号：820114163108
	¥ 2 7 2 5 0 0	开户行：中国银行沈阳皇姑支行
金额（大写）合计	人民币贰仟柒佰贰拾伍元整	支票☐ 汇票☐ 本票☐ 电汇☑ 其他☐

总经理	杨正林	财务部门	经理	李春华	业务部门	经　理	张佳伦
			会计	王贺鑫		经办人	赵　乾

附件89 2/2

ICBC 中国工商银行电汇凭证（回单）　1　38675927

☑普通　☐加急　　委托日期2022年12月31日

汇款人		收款人	
全　称	辽宁中创商贸有限公司	全　称	沈阳通达物流有限公司
账　号	6828579603952213879	账　号	820114163108
开户银行	中国工商银行锦州太和支行	开户银行	中国银行沈阳皇姑支行
金额 人民币（大写）	贰仟柒佰贰拾伍元整	亿千百十万千百十元角分	¥ 2 7 2 5 0 0
		支付密码	
		附加信息及用途：	运费
		复核	记账

中国工商银行锦州太和支行 2022.12.31 转讫 (9)

此联为汇出行给汇款人的回单

业务90　12月31日，支付电话费及网络服务费。

业务90

附件90 1/4

021001900105

辽宁增值税专用发票

发票联

№81250529　021001900105 81250529

开票日期：2022年12月31日

税总函〔2022〕335号北京印钞厂

购买方	名　　称：辽宁中创商贸有限公司 纳税人识别号：91210600152387926T 地 址 、电 话：辽宁省锦州市太和区翠园街689号　0416-8311565 开户行及账号：中国工商银行锦州太和支行　6828579603952213879	密码区	91*-2<8/81/954*92<4<8>1265 100<4*13+77*92-3359+>04>77 90241757-2+09672*18+84>6489 <9507220>244/2>5432~/72>*16

货物或应税劳务、服务名称	规格型号	单位	数量	单价	金额	税率	税额
*电信服务*电信基础服务费					4 584.00	9%	412.56
*电信服务*电信增值服务费					2 546.50	6%	152.79
合　计					¥7 130.50		¥565.35
价税合计（大写）	⊗柒仟陆佰玖拾伍元捌角伍分				（小写）¥7 695.85		

销售方	名　　称：中国电信股份有限公司锦州分公司 纳税人识别号：91210600807982959H 地 址 、电 话：辽宁省锦州市太和区站前街88号　0416-5580342 开户行及账号：锦州银行云飞支行　410100653500330	备注	中国电信股份有限公司锦州分公司 91210600807982959H 发票专用章

收款人：翟飞燕　　复核：王云海　　开票人：周　琳　　销售方（章）

第三联 发票联 购买方记账凭证

附件 90 $\frac{2}{4}$

付款申请书

2022年12月31日

用途及情况	金额	收款单位（人）：中国电信股份有限公司锦州分公司
支付电话费及网费	亿 千 百 十 万 千 百 十 元 角 分 ¥ 7 6 9 5 8 5	账　号：410100653500330 开户行：锦州银行云飞支行
金额（大写）合计	人民币柒仟陆佰玖拾伍元捌角伍分	支票☑　汇票☐　本票☐　电汇☐　其他☐

总经理	杨正林	财务部门	经理	李春华	业务部门	经　理	李春华
			会计	王贺鑫		经办人	赵艺丹

附件 90 $\frac{3}{4}$

ICBC 中国工商银行

转账支票存根

21005916

20389018

附加信息

出票日期：2022年12月31日

收 款 人：	中国电信股份有限公司锦州分公司
金　　额：	¥7 695.85
用　　途：	支付电话费及网费

单位主管：杨正林　　会计：王贺鑫

西安西钞证券印制有限公司·2022年印制

辽宁中创商贸……财务专……

附件 90 $\frac{4}{4}$

外购电话费及网费分配表

日期：2022年12月31日　　　　金额单位：元

受益对象	耗用量（人）	分配率	分配金额
行政部	1		
人事部	1		
财务部	3		
采购部	2		
销售部	2		
仓储部	1		
合计	10		

审核：李春华　　　　制表：王贺鑫

业务91　12月31日，支付并分配本月电费。

附件91 1/3

业务91

021001900105

辽宁增值税专用发票

发票联

№77238330　021001900105　77238330

开票日期：2022年12月31日

购买方	名　　称：辽宁中创商贸有限公司 纳税人识别号：91210600152387926T 地 址 、 电 话：辽宁省锦州市太和区翠园街689号　0416-8311565 开户行及账号：中国工商银行锦州太和支行　6828579603952213879				密码区	841*28>25*9436541<+7964>1*0 4-1+>067145*290+102<*496<9/ 4119<51/36+01<1477>>41902-0 >*>>-7160356/2-7/5734093764	
货物或应税劳务、服务名称	规格型号	单位	数量	单价	金额	税率	税额
*电力热力水燃气*电费		千瓦时	2 500	0.80	2 000.00	13%	260.00
合　计					¥2 000.00		¥260.00
价税合计（大写）	⊗贰仟贰佰陆拾元整				（小写）¥2 260.00		
销售方	名　　称：锦州供电公司 纳税人识别号：91210600439052921N 地 址 、 电 话：辽宁省锦州市太和区昆明街230号　0416-8552180 开户行及账号：中国银行锦州太和支行　239057249431				备注	锦州供电公司 91210600439052921N 发票专用章	

收款人：刘景春　　复核：钱　满　　开票人：李占才　　销售方（章）

第三联　发票联　购买方记账凭证

税总函〔2022〕335号北京印钞厂

附件91 2/3

同城特约委托收款凭证（支款凭证）

委托日期 2022年12月31日　　流水号 8523082652

付款人	全　称	辽宁中创商贸有限公司	收款人	全　称	锦州供电公司
	账号或地址	6828579603952213879		账号或地址	239057249431
	开户银行	中国工商银行锦州太和支行		开户银行	中国银行锦州太和支行
委托金额	人民币（大写）	贰仟贰佰陆拾元整			¥2 260.00
款项内容		合同号	05812	凭证张数	1
电费	¥2 260.00	注意事项：1. 上列款项为见票全额付款；2. 上列款项若有误请与收款单位协商解决。			
备注：					

中国工商银行锦州太和支行 2022.12.31 转讫 (9)

会计：略　　复核：略　　记账：略　　支付日期 2022年12月31日

此联交付款人作支款凭证

附件91 3/3

外购电费分配表

日期：2022年12月31日　　金额单位：元

受益对象	耗用量（吨）	分配率	分配金额
行政部	400		
人事部	400		
财务部	400		
采购部	400		
销售部	400		
仓储部	500		
合计	2 500		

审核：李春华　　制表：王贺鑫

业务92　12月31日，支付并分配本月水费。

附件92 1/3

021001900105

辽宁增值税专用发票

发票联

№36198599　021001900105　36198599

开票日期：2022年12月31日

购买方	名称：辽宁中创商贸有限公司 纳税人识别号：91210600152387926T 地址、电话：辽宁省锦州市太和区翠园街689号 0416-8311565 开户行及账号：中国工商银行锦州太和支行 6282579603952213879			密码区	5<7*653597+-118*195/2>80*62 435*/111608-+1>147*-663>><1 000/8305<2276>>36997+78/* 7-1482>000381+015<863<89296		
货物或应税劳务、服务名称	规格型号	单位	数量	单价	金额	税率	税额
*电力热力水燃气*工业用水		吨	100	4.20	420.00	9%	37.80
合　计					¥420.00		¥37.80
价税合计（大写）	⊗肆佰伍拾柒元捌角整				（小写）¥457.80		
销售方	名称：锦州自来水公司 纳税人识别号：91210702550766009W 地址、电话：辽宁省锦州市古塔区英华街63号 0416-3605068 开户行及账号：中国银行锦州永丰支行 372036874661			备注	锦州自来水公司 91210702550766009W 发票专用章		

收款人：刘建国　　复核：贺　兰　　开票人：郑　国　　销售方（章）

税总函〔2022〕335号北京印钞厂

第三联　发票联　购买方记账凭证

业务92

附件92 2/3

同城特约委托收款凭证（支款凭证）

委托日期 2022年12月31日　　流水号 8523082679

付款人	全称	辽宁中创商贸有限公司	收款人	全称	锦州自来水公司
	账号或地址	6282579603952213879		账号或地址	372036874661
	开户银行	中国工商银行锦州太和支行		开户银行	中国银行锦州永丰支行
委托金额	人民币（大写）	肆佰伍拾柒元捌角整			¥457.80
款项内容		合同号	04173	凭证张数	1
水费	¥457.80	注意事项： 1. 上列款项为见票全额付款； 2. 上列款项若有误请与收款单位协商解决。			
备注：					

中国工商银行锦州太和支行 2022.12.31 转讫 (9)

会计：略　　复核：略　　记账：略　　支付日期 2022年12月31日

此联交付款人作支款凭证

附件92 3/3

外购水费分配表

日期：2022年12月31日　　金额单位：元

受益对象	耗用量（吨）	分配率	分配金额
行政部	13		
人事部	16		
财务部	18		
采购部	16		
销售部	18		
仓储部	19		
合计	100		

审核：李春华　　制表：王贺鑫

业务 93　12月31日，收到办公楼租金。

附件 93 1/2

辽宁增值税专用发票

021001900105　此联不作报销、扣税凭证使用

№58726331　021001900105　58726331

开票日期：2022年12月31日

购买方	名　　称：锦州恒泰商务有限公司 纳税人识别号：91210600350352515M 地址、电话：辽宁省锦州市太和区华山路6号　0416-7586326 开户行及账号：锦州银行永丰支行　410100960395221				密码区	-49>136*+760>/8411<*03243*3 9<06206-0>14>59910/3-+8+1<0 37>6*>*96844290229952748095 70<>-18/15/+4<0193>04803*63	
货物或应税劳务、服务名称	规格型号	单位	数量	单价	金额	税率	税额
*经营租赁*房屋租金		年	1.00	300 000.00	300 000.00	9%	27 000.00
合　计					¥300 000.00		¥27 000.00
价税合计（大写）	⊗叁拾贰万柒仟元整					（小写）	¥327 000.00
销售方	名　　称：辽宁中创商贸有限公司 纳税人识别号：91210600152387926T 地址、电话：辽宁省锦州市太和区翠园街689号　0416-8311565 开户行及账号：中国工商银行锦州太和支行　6828579603952213879				备注	辽宁中创商贸有限公司 91210600152387926T 发票专用章	

收款人：王贺鑫　　复核：李春华　　开票人：赵艺丹　　销售方（章）

税总函〔2022〕335号北京印钞厂

第一联　记账联　销售方记账凭证

附件 93 2/2

ICBC 中国工商银行　进账单　（收账通知）　3

2022年12月31日

出票人	全　称	锦州恒泰商务有限公司	收款人	全　称	辽宁中创商贸有限公司
	账　号	410100960395221		账　号	6828579603952213879
	开户银行	锦州银行永丰支行		开户银行	中国工商银行锦州太和支行
金额	人民币（大写）	叁拾贰万柒仟元整		亿千百十万千百十元角分	¥ 3 2 7 0 0 0 0 0
票据种类	转账支票	票据张数	1		
票据号码	83943145				
复核　　记账				收款人开户银行签章	中国工商银行锦州太和支行 2022.12.31 转讫（7）

此联为银行交给收款人的收账通知

业务 94　12月31日，盘点库存现金。

附件 94

库存现金盘点表

2022年12月31日　　单位：元

票面额	张数	金额	票面额	张数	金额
壹佰元	19	1 900.00	伍　角	1	0.50
伍拾元	2	100.00	壹　角	2	0.20
贰拾元			伍　分		
拾　元	3	30.00	壹　分		
伍　元					
壹　元			合　计		2 030.70
库存现金日记账账面余额：					2 130.70
差额：					-100.00
处理意见：由于出纳员赵艺丹保管不善导致壹佰元整丢失，经协商由其本人全额赔偿。					

审批人（签章）：　　监盘人（签章）：　　盘点人（签章）：

业务 93　业务 94

业务95 12月31日，按仓库对存货进行盘点。

附件95 1/2

库存商品实存账存对比表

盘点日期：2022年12月31日

盘点单位：仓储部合仓库　　　　金额单位：元

商品	单位	账面结存数量	实际盘存数量	升溢/损耗			升溢损耗原因
				数量	单价	金额	
华为手机（荣耀10）	部	515	513	-2	3 200.00	6 400.00	保管不善
合计				-2		6 400.00	

单位主管：杨正林　会计：王贺鑫　复核：李春华　监盘：张佳伦　物资负责人：于艳淼

附件95 2/2

盘盈盘亏处理报告

公司于2022年12月31日对各仓库进行盘点清查，发现3号仓库盘亏华为手机（荣耀10）2部，系仓库管理人员于艳淼管理不善造成丢失。经公司研究决定，除正卓财产保险公司核定赔偿60%外，剩余40%由责任人于艳淼本人承担。

辽宁中创商贸有限公司

2022年12月31日

业务96 12月31日，对固定资产进行盘点。

附件96

固定资产盘盈盘亏报告表

盘点日期：2022年12月31日　　　　金额单位：元

编号	名称	盘盈				盘亏				
		数量	单价	估计折旧额	估计净值	数量	单价	已提折旧额	已提减值准备	净值
41004	联想电脑					1	5 000.00	2 856.00		2 144.00
合计						1		2 856.00		2 144.00
差异原因	盘亏系销售部张瑾芬保管不善所致									
财务部门建议处理意见	正卓财产保险公司赔偿60%，张瑾芬赔偿40%									
资产管理部门建议处理意见	同意　李建设									
单位主管领导批复处理意见	同意　杨正林									

业务97 12月31日，假定当日美元汇率为1∶6.7064，核算月末汇兑损益。

业务98 12月31日，计提坏账准备。

附件98

坏账准备计提表

编制单位：辽宁中创商贸有限公司　　2022年12月31日　　金额单位：元

期初坏账准备余额	本期坏账准备发生额	坏账准备余额（计提损失前）
应收账款余额	计提比例	期末坏账准备应有余额
应补提或转回坏账准备		

审核：李春华　　制表：王贺鑫

业务95　业务96　业务97　业务98

业务 99　12月31日，计提存货跌价准备。

附件 99

销售部通知

由于市场物价异动，经全面清查，下列商品期末预计可变现净值单价如下：　　单位：元

存货编码	商品名称	规格型号	成本价	可变现净值单价
30301	小米手机	6X		900.00

审核：李春华　　会计：王贺鑫　　销售部：张蓥芬

业务 100　12月31日，对固定资产进行减值测试。

附件 100

固定资产减值准备计提表

编制单位：辽宁中创商贸有限公司　　2022年12月31日　　单位：元

编　号	名　称	账面价值	可收回金额
310001	长城轿车		63 288.00
应确认减值损失	已确认减值损失	本期应计提减值准备	

审核：李春华　　制表：王贺鑫

业务 101　12月31日，计提本月折旧。

附件 101

固定资产折旧计算表

编制单位：辽宁中创商贸有限公司　　2022年12月31日　　金额单位：元

编号	固定资产名称	月初原值	月折旧率	本月应提折旧
10001	综合楼	8 500 000.00	0.40%	
10002	1号仓库	1 000 000.00	0.40%	
10003	2号仓库	1 000 000.00	0.40%	
10004	3号仓库	1 000 000.00	0.40%	
10005	4号仓库	1 000 000.00	0.40%	
10006	废旧品仓	1 000 000.00	0.40%	
310001	长城轿车	138 000.00	1.62%	
310002	奥迪轿车	360 000.00	1.62%	
310003	中华轿车	190 000.00	1.62%	
320001	长安厢式货车	220 000.00	1.62%	
410001	联想台式机	5 000.00	2.72%	
410002	联想台式机	5 000.00	2.72%	
410003	联想台式机	5 000.00	2.72%	
410004	联想台式机	5 000.00	2.72%	
410005	联想台式机	5 000.00	2.72%	
420001	佳能复印机	8 000.00	2.72%	
合计		14 441 000.00		

审核：李春华　　制表：王贺鑫

业务 99

业务 100

业务 101

业务 102　12月31日，无形资产摊销。

附件 102

无形资产摊销表

2022年12月31日　　　　金额单位：元

无形资产	使用日期	原值	摊销年限	月摊销额
非专利技术	2022-12-08		5年	
合计				

审核：李春华　　　　制单：王贺鑫

业务 102

业务 103　12月31日，结转本月1号仓库、2号仓库已销商品成本。

业务 103

业务 104　12月31日，核算投资性房地产公允价值变动。

附件 104

公允价值变动计算表

2022年12月31日　　　　单位：元

名称	账面价值	公允价值	公允价值变动
2#办公楼		5 900 000.00	
合计		5 900 000.00	

审核：李春华　　　　制单：王贺鑫

业务 104

业务 105　12月31日，核算交易性金融资产公允价值变动。

附件 105

公允价值变动计算表

2022年12月31日　　　　单位：元

交易性金融资产	账面价值	公允价值	公允价值变动
神宇股份		116 000.00	
高科石化		350 000.00	
合计		466 000.00	

审核：李春华　　　　制单：王贺鑫

业务 105

业务 106　12月31日，计提房产税、车船税、城镇土地使用税。

附件 106

应交财产税计算表

编制单位：辽宁中创商贸有限公司　　2022年12月31日　　金额单位：元

<table>
<tr><td rowspan="4">房产税</td><td rowspan="2">从价计征</td><td>房产原值</td><td>房产余值</td><td>税率</td><td colspan="2">应纳税额</td><td>应纳房产税税额合计</td></tr>
<tr><td>13 500 000.00</td><td>9 450 000.00</td><td>1.2%</td><td colspan="2"></td><td rowspan="3"></td></tr>
<tr><td rowspan="2">从租计征</td><td colspan="2">租金收入</td><td>税率</td><td colspan="2">应纳税额</td></tr>
<tr><td colspan="2"></td><td>12%</td><td colspan="2"></td></tr>
<tr><td rowspan="3">车船税</td><td colspan="2">税目</td><td>计税单位</td><td>单位税额</td><td>数量</td><td>应纳税额</td><td>应纳车船税税额合计</td></tr>
<tr><td>乘用车</td><td>1.6升以上至1.6升（含）</td><td>辆</td><td>420</td><td>3</td><td></td><td rowspan="2"></td></tr>
<tr><td>商用车</td><td>货车</td><td>整备质量每吨</td><td>96</td><td>5</td><td></td></tr>
<tr><td rowspan="2">城镇土地使用税</td><td colspan="2">应税面积</td><td colspan="4">税率（元/平方米）</td><td>应纳城镇土地使用税税额合计</td></tr>
<tr><td colspan="2">1 000.98平方米</td><td colspan="4">12</td><td></td></tr>
<tr><td colspan="7">应交财产税总额</td><td></td></tr>
</table>

审核：李春华　　　　制表：王贺鑫

业务 106

业务 107　12月31日，分配本月职工非货币性福利。

附件 107

职工非货币性福利分配表

日期：2022年12月31日　　　　金额单位：元

受益对象	分配标准（人数）	分配率	分配金额
行政部	1		
人事部	1		
财务部	3		
采购部	2		
销售部	2		
仓储部	1		
合 计	10		

审核：李春华　　　　制表：王贺鑫

业务 107

业务 108　12月31日，分配本月职工教育经费。

附件 108

职工教育经费分配表

日期：2022年12月31日　　　　金额单位：元

受益对象	分配标准（人数）	分配率	分配金额
行政部	1		
人事部	1		
财务部	3		
采购部	2		
销售部	2		
仓储部	1		
合 计	10		

审核：李春华　　　　制表：王贺鑫

业务 108

业务 109　12月31日，计算本月职工工资。

附件 109

2022年12月份工资变动数据

2022年12月31日

人员	部门	奖金	非货币性福利	加班天数	病假天数	事假天数	累计应付工资（1—12）
A01 杨正林	行政部	9 000.00	3 955.00	6			184 055.00
A02 于浩	人事部	500.00	3 955.00		3		70 543.57
W01 李春华	财务部	2 000.00	3 955.00				163 255.00
W02 王贺鑫	财务部	1 000.00	3 955.00	5		1	91 490.75
W03 赵艺丹	财务部	300.00	3 955.00	2			80 359.76
G01 张佳伦	采购部	1 200.00	3 955.00			3	136 469.28
G02 赵乾	采购部	600.00	3 955.00		2		81 826.90
X01 张蕴芬	销售部	1 500.00	3 955.00				154 305.00
X02 屈卫明	销售部	800.00	3 955.00		5		79 095.48
C01 于艳巍	仓储部	300.00	3 955.00	6			70 069.28
合 计		17 200.00	39 550.00	19	10	4	1 111 470.02

审核：李春华　　　　制表：王贺鑫

业务 109

业务 110

业务 111

业务 112

业务 113

业务 114

业务 110　12月31日，计提本月职工工资。

业务 111　12月31日，预扣职工个人所得税。

业务 112　12月31日，代扣职工负担的三险一金。

业务 113　12月31日，计提企业负担的五险一金。

业务 114　12月31日，计提本月工会经费。

业务115　12月31日，计提本月售后回购业务的利息费用。

业务115

附件115

售后回购利息费用计算表

编制单位：辽宁中创商贸有限公司　　2022年12月31日　　单位：元

客户	销售日期	销售金额	回购日期	回购金额	每月利息费用
沈阳宝泰	2022-12-24				
合计					

审核：李春华　　制表：王贺鑫

业务116　12月31日，计提本月借款利息。

业务116

附件116

借款利息计算表

编制单位：辽宁中创商贸有限公司　　2022年12月31日　　金额单位：元

借款种类	借款本金	利率（年）	月利息额
流动资金周转借款	800 000.00	1.3%	
长期借款	8 000 000.00	6%	
合计			

审核：李春华　　制表：王贺鑫

业务117　12月31日，核算本期债券利息收入及应收利息。

业务117

附件117

利息收入与摊余成本计算表（实际利率法）

编制单位：辽宁中创商贸有限公司　　2022年12月31日　　单位：元

日期	现金流入 （a）	利息收入 （b）=期初（d）×i	已收回的本金 （c）=（a）-（b）	期末摊余成本 （d）=期初（d）-（c）
2022-12-01				
2022-12-31				
⋮				
合计				

审核：李春华　　制表：王贺鑫

业务118　12月31日，转让金融商品应交增值税。

业务118

附件118

转让金融商品应交增值税计算表

编制单位：辽宁中创商贸有限公司　　2022年12月31日　　单位：元

金融资产名称	卖出价	买入价	差额	应交增值税
神宇股份（300563）				
合计				

审核：李春华　　制表：王贺鑫

业务 119　12月31日，计算并结转本月未交增值税。

附件 119

未交增值税计算表

编制单位：辽宁中创商贸有限公司　　2022年12月31日　　单位：元

项目	销项税额	进项税额	进项税额转出	本月未交增值税
增值税				
合计				

审核：李春华　　制表：王贺鑫

业务 119

业务 120　12月31日，计提城市维护建设税、教育费附加及地方教育附加。

附件 120

应交城市维护建设税、教育费附加及地方教育附加计算表

编制单位：辽宁中创商贸有限公司　　2022年12月31日　　单位：元

税种	计税金额	税率	应纳税额
城市维护建设税			
教育费附加			
地方教育附加			
合计			

审核：李春华　　制表：王贺鑫

业务 120

业务 121

业务 121　12月31日，结转本月期间损益。

业务 122　12月31日，预缴第四季度企业所得税。

附件 122

中国工商银行电子缴税付款凭证

转账日期：2022年12月31日　　凭证字号：75893734

纳税人全称及纳税人识别号：辽宁中创商贸有限公司 912106001523879267

付款人全称：辽宁中创商贸有限公司

付款人账号：6828579603952213879　　征收机关名称：锦州市太和区税务局

付款人开户银行：中国工商银行锦州太和支行　　收款国库(银行)名称：国家金库锦州市太和支库

小写(合计)金额：¥2 600 000.00　　缴款书交易流水号：

大写(合计)金额：人民币贰佰陆拾万元整　　税票号码：

税（费）种名称	所属日期	实缴金额
企业所得税	20221001—20221231	2 600 000.00

中国工商银行锦州太和支行 2022.12.31 转讫 (6)

打印时间：2022年12月31日

会计流水号：99521956322315977575893734　　复核：　　记账：

业务 122

业务123　12月31日，计提全年企业所得税。

附件123 $\frac{1}{3}$

2022年1—11月份损益类账户累计发生额（结转本年利润前）

编制单位：辽宁中创商贸有限公司　　2022年11月30日　　单位：元

科目编码	科目名称	借方	贷方
6001	主营业务收入		269 236 955.58
6051	其他业务收入		322 600.00
6101	公允价值变动损益		
6111	投资收益		350 000.00
6301	营业外收入		3 000.00
6401	主营业务成本	216 370 964.00	
6402	其他业务成本	205 000.00	
6403	税金及附加	2 796 625.15	
6601	销售费用	1 650 000.00	
6602	管理费用	5 705 956.00	
6603	财务费用	1 290 602.61	
6701	资产减值损失		
6702	信用减值损失	11 639.00	
6711	营业外支出	1 000 000.00	
合计		229 030 786.76	269 912 555.58

审核：李春华　　制表：王贺鑫

附件123 $\frac{2}{3}$

补充说明

除下列说明及12月份业务外，本年无其他所得税纳税调整事项：

1. 本年度1—11月业务招待费支出2 678 179.00元；
2. 本年度1—11月广告费支出320 000.00元，上年度未抵扣广告费支出110 000.00元；
3. 本年度1—11月营业收入总额为269 559 555.58元，本年度1—11月利润总额为40 881 768.82元；
4. 本年度1—11月所发生的营业外支出中，有35 000.00元为税务局罚款支出，有50 000.00元为直接捐款，其他均为公益性间接捐赠支出。

附件123 $\frac{3}{3}$

所得税费用计算表

编制单位：辽宁中创商贸有限公司　　2022年12月31日　　单位：元

<table>
<tr><td rowspan="2">项目</td><td rowspan="2">账面价值</td><td rowspan="2">计税基础</td><td colspan="2">可抵扣暂时性差异</td><td colspan="2">应纳税暂时性差异</td><td rowspan="2">纳税调整增减额</td></tr>
<tr><td>期初余额</td><td>期末余额</td><td>期初余额</td><td>期末余额</td></tr>
<tr><td>业务招待费</td><td></td><td></td><td></td><td></td><td></td><td></td><td></td></tr>
<tr><td>广告宣传费</td><td></td><td></td><td></td><td></td><td></td><td></td><td></td></tr>
<tr><td>捐赠支出</td><td></td><td></td><td></td><td></td><td></td><td></td><td></td></tr>
<tr><td>交易性金融资产</td><td></td><td></td><td></td><td></td><td></td><td></td><td></td></tr>
<tr><td>应收账款</td><td></td><td></td><td></td><td></td><td></td><td></td><td></td></tr>
<tr><td>存货</td><td></td><td></td><td></td><td></td><td></td><td></td><td></td></tr>
<tr><td>投资性房地产</td><td></td><td></td><td></td><td></td><td></td><td></td><td></td></tr>
<tr><td>合计</td><td></td><td></td><td></td><td></td><td></td><td></td><td></td></tr>
<tr><td>年度利润总额</td><td></td><td colspan="2">应纳税所得额</td><td></td><td colspan="2">应交所得税</td><td></td></tr>
<tr><td rowspan="3">递延所得税资产</td><td>期初数</td><td></td><td colspan="2" rowspan="3">递延所得税负债</td><td>期初数</td><td colspan="2"></td></tr>
<tr><td>期末数</td><td></td><td>期末数</td><td colspan="2"></td></tr>
<tr><td>本期数</td><td></td><td>本期数</td><td colspan="2"></td></tr>
<tr><td>其他综合收益</td><td colspan="2"></td><td colspan="3">所得税费用</td><td colspan="2"></td></tr>
</table>

审核：李春华　　制表：王贺鑫

业务123

业务124

业务125

业务126

业务127

业务128

业务124 12月31日，结转所得税费用。

业务125 12月31日，计提法定盈余公积。

业务126 12月31日，向投资者分配利润。

业务127 12月31日，结转本年实现的净利润。

业务128 12月31日，结转利润分配明细。

业务129 12月31日，各系统期末结账。

业务130 12月31日，编制资产负债表。

业务129

业务130

附件130

资产负债表

会企01表

编制单位：　　　　年　　月　　日　　　　单位：元

资产	期末余额	上年年末余额	负债和所有者权益（或股东权益）	期末余额	上年年末余额
流动资产：		略	流动负债：		略
货币资金			短期借款		
交易性金融资产			交易性金融负债		
衍生金融资产			衍生金融负债		
应收票据			应付票据		
应收账款			应付账款		
应收款项融资			预收款项		
预付款项			合同负债		
其他应收款			应付职工薪酬		
存货			应交税费		
合同资产			其他应付款		
持有待售资产			持有待售负债		
一年内到期的非流动资产			一年内到期的非流动负债		
其他流动资产			其他流动负债		
流动资产合计			流动负债合计		
非流动资产：			非流动负债：		
债权投资			长期借款		
其他债权投资			应付债券		
长期应收款			其中：优先股		
长期股权投资			永续债		
其他权益工具投资			租赁负债		
其他非流动金融资产			长期应付款		
投资性房地产			预计负债		
固定资产			递延收益		
在建工程			递延所得税负债		
生产性生物资产			其他非流动负债		
油气资产			非流动负债合计		
使用权资产			负债合计		
无形资产			所有者权益（或股东权益）：		
开发支出			实收资本（或股本）		
商誉			其他权益工具		
长期待摊费用			其中：优先股		
递延所得税资产			永续债		
其他非流动资产			资本公积		
非流动资产合计			减：库存股		
			其他综合收益		
			专项储备		
			盈余公积		
			未分配利润		
			所有者权益（或股东权益）合计		
资产总计			负债和所有者权益（或股东权益）总计		

业务131 12月31日，编制利润表。

附件131

利润表

会企02表

业务131

编制单位：　　　　____年____月　　　　单位：元

项目	本期金额	上期金额
一、营业收入		
减：营业成本		
税金及附加		
销售费用		
管理费用		
研发费用		
财务费用		
其中：利息费用		
利息收入		
加：其他收益		
投资收益（损失以“-”号填列）		
其中：对联营企业和合营企业的投资收益		
以摊余成本计量的金融资产终止确认收益（损失以“-”号填列）		
净敞口套期收益（损失以“-”号填列）		
公允价值变动收益（损失以“-”号填列）		
信用减值损失（损失以“-”号填列）		
资产减值损失（损失以“-”号填列）		
资产处置收益（损失以“-”号填列）		
二、营业利润（亏损以“-”号填列）		
加：营业外收入		
减：营业外支出		
三、利润总额（亏损总额以“-”号填列）		
减：所得税费用		
四、净利润（净亏损以“-”号填列）		
（一）持续经营净利润（净亏损以“-”号填列）		
（二）终止经营净利润（净亏损以“-”号填列）		
五、其他综合收益的税后净额		
（一）不能重分类进损益的其他综合收益		
1. 重新计量设定受益计划变动额		
2. 权益法下不能转损益的其他综合收益		
3. 其他权益工具投资公允价值变动		
4. 企业自身信用风险公允价值变动		
⋮		
（二）将重分类进损益的其他综合收益		
1. 权益法下可转损益的其他综合收益		
2. 其他债权投资公允价值变动		
3. 金融资产重分类计入其他综合收益的金额		
4. 其他债权投资信用减值准备		
5. 现金流量套期储备		
6. 外部财务报表折算差额		
⋮		
六、综合收益总额		
七、每股收益		
（一）基本每股收益		
（二）稀释每股收益		

业务 132　编制财务指标分析表。

附件 132

财务指标分析表

编制单位：辽宁中创商贸有限公司　　　　2022 年 12 月 31 日

指标大类	评价指标	指标公式	计算结果
偿债能力	流动比率		
	资产负债率		
营运能力	存货周转率		
	总资产周转率		
盈利能力	销售净利率		
	权益净利率		

审核：李春华　　　　制表：王贺鑫

业务 132

业务133 填列2022年12月份增值税及附加税费申报表。

业务133

附件133

增值税及附加税费申报表

（一般纳税人适用）

根据国家税收法律法规及增值税相关规定制定本表。纳税人不论有无销售额，均应按税务机关核定的纳税期限填写本表，并向当地税务机关申报。

税款所属时间：自　　年　月　日至　　年　月　日　　填表日期：　　年　月　日　　金额单位：元至角分

纳税人识别号（统一社会信用代码）：　　所属行业：

纳税人名称：		法定代表人姓名		注册地址		生产经营地址	
开户银行及账号		登记注册类型				电话号码	

项目		栏次	一般项目		即征即退项目	
			本月数	本年累计	本月数	本年累计
销售额	（一）按适用税率计税销售额	1				
	其中：应税货物销售额	2				
	应税劳务销售额	3				
	纳税检查调整的销售额	4				
	（二）按简易办法计税销售额	5				
	其中：纳税检查调整的销售额	6				
	（三）免、抵、退办法出口销售额	7			——	——
	（四）免税销售额	8			——	——
	其中：免税货物销售额	9			——	——
	免税劳务销售额	10			——	——
税款计算	销项税额	11				
	进项税额	12				
	上期留抵税额	13				——
	进项税额转出	14				
	免、抵、退应退税额	15			——	——
	按适用税率计算的纳税检查应补缴税额	16			——	——
	应抵扣税额合计	17=12+13-14-15+16		——		——
	实际抵扣税额	18（如17<11，则为17，否则为11）				
	应纳税额	19=11-18				
	期末留抵税额	20=17-18				——
	简易计税办法计算的应纳税额	21				
	按简易计税办法计算的纳税检查应补缴税额	22			——	——
	应纳税额减征额	23				
	应纳税额合计	24=19+21-23				
税款缴纳	期初未缴税额（多缴为负数）	25				
	实收出口开具专用缴款书退税额	26			——	——
	本期已缴税额	27=28+29+30+31				
	①分次预缴税额	28		——		——
	②出口开具专用缴款书预缴税额	29		——	——	——
	③本期缴纳上期应纳税额	30				
	④本期缴纳欠缴税额	31				
	期末未缴税额（多缴为负数）	32=24+25+26-27				
	其中：欠缴税额（≥0）	33=25+26-27		——		——
	本期应补（退）税额	34 = 24-28-29		——		——
	即征即退实际退税额	35	——	——		
	期初未缴查补税额	36			——	——
	本期入库查补税额	37			——	——
	期末未缴查补税额	38=16+22+36-37			——	——
附加税费	城市维护建设税本期应补（退）税额	39			——	——
	教育费附加本期应补（退）费额	40			——	——
	地方教育附加本期应补（退）费额	41			——	——

声明：此表是根据国家税收法律法规及相关规定填写的，本人（单位）对填报内容（及附带资料）的真实性、可靠性、完整性负责。

纳税人（签章）：　　年　月　日

经办人： 经办人身份证号： 代理机构签章： 代理机构统一社会信用代码：	受理人： 受理税务机关（章）：　　受理日期：　　年　月　日

业务134 填列2022年度企业所得税年度纳税申报表。

业务134

附件134

A100000

中华人民共和国企业所得税年度纳税申报表（A类）

税款所属时间：

纳税人名称：

纳税人识别号：

金额单位：元（列元角分）

行次	类别	项　　目	金　额
1	利润总额计算	一、营业收入（填写A101010\101020\103000）	
2		减：营业成本（填写A102010\102020\103000）	
3		减：税金及附加	
4		减：销售费用（填写A104000）	
5		减：管理费用（填写A104000）	
6		减：财务费用（填写A104000）	
7		减：资产减值损失	
8		加：公允价值变动收益	
9		加：投资收益	
10		二、营业利润（1-2-3-4-5-6-7+8+9）	
11		加：营业外收入（填写A101010\101020\103000）	
12		减：营业外支出（填写A102010\102020\103000）	
13		三、利润总额（10+11-12）	
14	应纳税所得额计算	减：境外所得（填写A108010）	
15		加：纳税调整增加额（填写A105000）	
16		减：纳税调整减少额（填写A105000）	
17		减：免税、减计收入及加计扣除（填写A107010）	
18		加：境外应税所得抵减境内亏损（填写A108000）	
19		四、纳税调整后所得（13-14+15-16-17+18）	
20		减：所得减免（填写A107020）	
21		减：弥补以前年度亏损（填写A106000）	
22		减：抵扣应纳税所得额（填写A107030）	
23		五、应纳税所得额（19-20-21-22）	
24	应纳税额计算	税率（25%）	
25		六、应纳所得税额（23×24）	
26		减：减免所得税额（填写A107040）	
27		减：抵免所得税额（填写A107050）	
28		七、应纳税额（25-26-27）	
29		加：境外所得应纳所得税额（填写A108000）	
30		减：境外所得抵免所得税额（填写A108000）	
31		八、实际应纳所得税额（28+29-30）	
32		减：本年累计实际已缴纳的所得税额	
33		九、本年应补（退）所得税额（31-32）	
34		其中：总机构分摊本年应补（退）所得税额（填写A109000）	
35		财政集中分配本年应补（退）所得税额（填写A109000）	
36		总机构主体生产经营部门分摊本年应补（退）所得税额（填写A109000）	
37	实际应纳税额计算	减：民族自治地区企业所得税地方分享部分：（□免征 □减征：减征幅度　%）	
38		十、本年实际应补（退）所得税额（33-37）	

第六章　综合实训过程指导

业务1实训过程指导见表6-1。

表6-1

实训过程指导

序号	操作日期	操作员	系统	实训内容
1	2022-12-01	G01张佳伦	采购管理	参照期初采购入库单生成采购专用发票（结算、现付） 注意：发票价格与暂估价格不一致。
2	2022-12-01	W02王贺鑫	应付款管理	审核发票，制单处理
3	2022-12-01	W02王贺鑫	存货核算	结算成本处理
4	2022-12-01	W02王贺鑫	存货核算	生成凭证（2张凭证）

业务2实训过程指导见表6-2。

表6-2

实训过程指导

序号	操作日期	操作员	系统	实训内容
1	2022-12-01	X01张滢芬	销售管理	填制销售订单 注意：表头填写付款条件；分批发货，表体分行处理

业务3实训过程指导见表6-3。

表6-3

实训过程指导

序号	操作日期	操作员	系统	实训内容
1	2022-12-01	W02王贺鑫	总账	填制凭证 借：债券投资/成本　2 000 000 贷：银行存款/中国银行/锦州太和支行/人民币　1 950 000 债权投资/利息调整　50 000

业务4实训过程指导见表6-4。

表6-4

实训过程指导

序号	操作日期	操作员	系统	实训内容
1	2022-12-01	G01张佳伦	采购管理	填制采购订单 注意：分批到货，表体需分行处理

业务5实训过程指导见表6-5。

表6-5

实训过程指导

序号	操作日期	操作员	系统	实训内容
1	2022-12-02	W02王贺鑫	总账	填制凭证 借：银行存款/中国工商银行/锦州太和支行　800 000 贷：短期借款/中国工商银行锦州太和支行　800 000

业务6实训过程指导见表6-6。

表6-6

实训过程指导

序号	操作日期	操作员	系统	实训内容
1	2022-12-02	G01张佳伦	采购管理	填制采购订单

业务7实训过程指导见表6-7。

表6-7 实训过程指导

序号	操作日期	操作员	系统	实训内容
1	2022-12-02	W02王贺鑫	总账	填制凭证 借：营业外支出/公益性捐赠支出　300 000 贷：银行存款/中国银行/锦州太和支行/人民币　300 000

业务8实训过程指导见表6-8。

表6-8 实训过程指导

序号	操作日期	操作员	系统	实训内容
1	2022-12-02	X01张滢芬	销售管理	填制销售订单 注意：表头业务类型是“分期收款”
2	2022-12-02	X01张滢芬	销售管理	参照销售订单生成发货单
3	2022-12-02	C01于艳淼	库存管理	参照发货单生成销售出库单
4	2022-12-02	W02王贺鑫	存货核算	发出商品记账
5	2022-12-02	W02王贺鑫	存货核算	生成凭证

业务9实训过程指导见表6-9。

表6-9 实训过程指导

序号	操作日期	操作员	系统	实训内容
1	2022-12-02	W02王贺鑫	总账	填制凭证 借：其他货币资金/存出投资款　250 000 贷：银行存款/中国工商银行/锦州太和支行　250 000

业务10实训过程指导见表6-10。

表6-10 实训过程指导

序号	操作日期	操作员	系统	实训内容
1	2022-12-03	G01张佳伦	采购管理	参照采购订单（CG12001）生成到货单
2	2022-12-03	C01于艳淼	库存管理	参照到货单生成两张采购入库单 注意：RK12001号入库单实际入库199台

业务11实训过程指导见表6-11。

表6-11 实训过程指导

序号	操作日期	操作员	系统	实训内容
1	2022-12-03	W02王贺鑫		填制“办公费用分配表”
2	2022-12-03	W02王贺鑫	总账	填制凭证 借：管理费用/办公费（行政部）　356 管理费用/办公费（人事部）　356 管理费用/办公费（财务部）　1 068 管理费用/办公费（采购部）　712 管理费用/办公费（仓储部）　356 销售费用/办公费（销售部）　712 应交税费/应交增值税/进项税额　462.8 库存现金　5977.2 贷：其他应收款/个人往来（张佳伦）　10 000

业务12实训过程指导见表6-12。

表6-12　实训过程指导

序号	操作日期	操作员	系统	实训内容
1	2022-12-03	W02王贺鑫	固定资产	资产增加
2	2022-12-03	W02王贺鑫	固定资产	批量制单

业务13实训过程指导见表6-13。

表6-13　实训过程指导

序号	操作日期	操作员	系统	实训内容
1	2022-12-03	G01张佳伦	采购管理	填制采购订单 注意：表头有付款条件

业务14实训过程指导见表6-14。

表6-14　实训过程指导

序号	操作日期	操作员	系统	实训内容
1	2022-12-04	X01张塗芬	销售管理	填制销售订单
2	2022-12-04	X01张塗芬	销售管理	参照销售订单（XS12002）生成发货单
3	2022-12-04	W02王贺鑫	库存管理	参照发货单批量生成2张销售出库单

业务15实训过程指导见表6-15。

表6-15　实训过程指导

序号	操作日期	操作员	系统	实训内容
1	2022-12-04	W02王贺鑫	总账	填制凭证 借：库存现金　20 000 贷：银行存款/中国工商银行/锦州太和支行　20 000

业务16实训过程指导见表6-16。

表6-16　实训过程指导

序号	操作日期	操作员	系统	实训内容
1	2022-12-04	X01张塗芬	销售管理	填制销售订单

业务17实训过程指导见表6-17。

表6-17　实训过程指导

序号	操作日期	操作员	系统	实训内容
1	2022-12-04	W02王贺鑫	总账	填制凭证 借：其他应收款/个人往来（王贺鑫）　15 000 贷：库存现金　15 000

业务18实训过程指导见表6-18。

表6-18　实训过程指导

序号	操作日期	操作员	系统	实训内容
1	2022-12-05	W03赵艺丹	应收款管理	票据管理（背书），被背书人：北京盛达
2	2022-12-05	W02王贺鑫	应收款管理	制单处理

业务19实训过程指导见表6-19。

表6-19 实训过程指导

序号	操作日期	操作员	系统	实训内容
1	2022-12-05	G01张佳伦	采购管理	参照采购订单（CG12001）生成到货单
2	2022-12-05	C01于艳森	库存管理	参照到货单生成2张采购入库单 注意：RK12004号入库单实际入库290个

业务20实训过程指导见表6-20。

表6-20 实训过程指导

序号	操作日期	操作员	系统	实训内容
1	2022-12-06	X01张堃芬	销售管理	填制销售订单 注意：表头的销售类型为“以旧换新”
2	2022-12-06	X01张堃芬	销售管理	参照销售订单生成销售专用发票（现结）
3	2022-12-06	C01于艳森	库存管理	参照自动生成的发货单生成销售出库单
4	2022-12-06	W02王贺鑫	应收款管理	审核销售专用发票，制单处理
5	2022-12-06	W02王贺鑫	存货核算	正常单据记账
6	2022-12-06	G01张佳伦	采购管理	填制采购订单 注意：表头的采购类型为“以旧换新”
7	2022-12-06	G01张佳伦	采购管理	参照采购订单生成到货单
8	2022-12-06	C01于艳森	库存管理	参照到货单生成采购入库单
9	2022-12-06	G01张佳伦	采购管理	参照采购入库单生成采购专用发票（结算）
10	2022-12-06	W02王贺鑫	应付款管理	审核采购专用发票，制单处理
11	2022-12-06	W02王贺鑫	存货核算	正常单据记账，生成凭证
12	2022-12-06	W02王贺鑫	应付款管理	应付冲应收

业务21实训过程指导见表6-21。

表6-21 实训过程指导

序号	操作日期	操作员	系统	实训内容
1	2022-12-06	G01张佳伦	采购管理	填制采购订单
2	2022-12-06	G01张佳伦	采购管理	参照采购订单生成采购专用发票
3	2022-12-06	W02王贺鑫	应付款管理	审核采购专用发票，制单处理
4	2022-12-06	W02王贺鑫	应付款管理	预付冲应付 提示：预付款形成于业务18

业务22实训过程指导见表6-22。

表6-22 实训过程指导

序号	操作日期	操作员	系统	实训内容
1	2022-12-07	X01张堃芬	销售管理	参照发货单生成销售专用发票
2	2022-12-07	W02王贺鑫	应收款管理	审核销售专用发票，制单处理
3	2022-12-07	W02王贺鑫	存货核算	正常单据记账
4	2022-12-07	G01张佳伦	采购管理	填制采购专用发票（运输费）
5	2022-12-07	W02王贺鑫	应付款管理	审核采购专用发票，制单处理 注意：所生成凭证借方计入销售费用。

业务23实训过程指导见表6-23。

表6-23

实训过程指导

序号	操作日期	操作员	系统	实训内容
1	2022-12-07	X01张滏芬	销售管理	填制销售订单 注意：表头的业务类型为“委托代销”
2	2022-12-07	X01张滏芬	销售管理	参照销售订单生成委托代销发货单
3	2022-12-07	C01于艳森	库存管理	参照委托代销发货单生成销售出库单
4	2022-12-07	W02王贺鑫	存货核算	发出商品记账，生成凭证

业务24实训过程指导见表6-24。

表6-24

实训过程指导

序号	操作日期	操作员	系统	实训内容
1	2022-12-08	G01张佳伦	采购管理	参照采购订单（CG12001）生成采购退货单
2	2022-12-08	C01于艳森	库存管理	参照采购退货单生成负数的采购入库单

业务25实训过程指导见表6-25。

表6-25

实训过程指导

序号	操作日期	操作员	系统	实训内容
1	2022-12-08	G01张佳伦	采购管理	填制采购订单 注意：表头的业务类型为“固定资产”
2	2022-12-08	G01张佳伦	采购管理	参照采购订单生成到货单
3	2022-12-08	C01于艳森	库存管理	参照到货单生成采购入库单
4	2022-12-08	G01张佳伦	采购管理	参照采购入库单生成采购专用发票（结算）
5	2022-12-08	W02王贺鑫	应付款管理	审核采购专用发票，制单处理
6	2022-12-08	W02王贺鑫	应付款管理	应付冲应收
7	2022-12-08	W02王贺鑫	固定资产	采购资产
8	2022-12-08	W03赵艺丹	应收款管理	选择收款1（100 000元）
9	2022-12-08	W03赵艺丹	应收款管理	选择收款2（142 837元）
10	2022-12-08	W02王贺鑫	应收款管理	合并制单
11	2022-12-08	W02王贺鑫	应收款管理	坏账发生，制单处理

业务26实训过程指导见表6-26。

表6-26

实训过程指导

序号	操作日期	操作员	系统	实训内容
1	2022-12-09	X01张滏芬	销售管理	填制销售订单，暂不审核 注意：表头“必有定金”选“是”，输入定金比例

业务27实训过程指导见表6-27。

表6-27

实训过程指导

序号	操作日期	操作员	系统	实训内容
1	2022-12-09	A01杨正林		在基础设置中增加会计科目（170104无形资产/非专利技术）
2	2022-12-09	W02王贺鑫	总账	填制凭证 借：无形资产/非专利技术　　100 000 　贷：银行存款/中国银行/锦州太和支行/人民币　　100 000

业务28实训过程指导见表6-28。

表6-28 实训过程指导

序号	操作日期	操作员	系统	实训内容
1	2022-12-09	X01张滏芬	销售管理	填制销售订单 注意：表头销售类型选“销售受托代销货物（手续费）”
2	2022-12-09	X01张滏芬	销售管理	参照销售订单生成销售专用发票
3	2022-12-09	C01于艳森	库存管理	参照自动生成的发货单生成销售出库单
4	2022-12-09	W02王贺鑫	应收款管理	审核销售专用发票，制单处理
5	2022-12-09	W02王贺鑫	存货核算	正常单据记账，生成凭证

业务29实训过程指导见表6-29。

表6-29 实训过程指导

序号	操作日期	操作员	系统	实训内容
1	2022-12-10	W02王贺鑫	总账	填制凭证 借：其他货币资金/银行汇票　500 000 　财务费用/手续费及工本费　3.5 　贷：银行存款/中国工商银行/锦州太和支行　500 000 　　银行存款/中国工商银行/锦州太和支行　3.5

业务30实训过程指导见表6-30。

表6-30 实训过程指导

序号	操作日期	操作员	系统	实训内容
1	2022-12-10	X01张滏芬	销售管理	参照销售订单（XS12001）生成销售专用发票
2	2022-12-10	C01于艳森	库存管理	参照自动生成的发货单生成销售出库单
3	2022-12-10	W02王贺鑫	应收款管理	审核销售专用发票，制单处理
4	2022-12-10	W02王贺鑫	存货核算	正常单据记账

业务31实训过程指导见表6-31。

表6-31 实训过程指导

序号	操作日期	操作员	系统	实训内容
1	2022-12-10	W02王贺鑫	总账	填制凭证 借：管理费用/差旅费（财务部）　3 346.5 　库存现金　11 653.5 　贷：其他应收款/个人往来（王贺鑫）　15 000

业务32实训过程指导见表6-32。

表6-32 实训过程指导

序号	操作日期	操作员	系统	实训内容
1	2022-12-10	G01张佳伦	采购管理	参照采购订单（CG12002）生成到货单
2	2022-12-10	C01于艳森	库存管理	参照到货单生成采购入库单
3	2022-12-10	G01张佳伦	采购管理	填制采购专用发票
4	2022-12-10	G01张佳伦	采购管理	费用折扣结算
5	2022-12-10	W02王贺鑫	应付款管理	审核采购专用发票，制单处理
6	2022-12-10	W02王贺鑫	存货核算	正常单据记账
7	2022-12-10	W02王贺鑫	存货核算	结算成本处理
8	2022-12-10	W02王贺鑫	存货核算	生成凭证（合成）

业务33实训过程指导见表6-33。

表6-33

实训过程指导

序号	操作日期	操作员	系统	实训内容
1	2022-12-11	C01于艳森	库存管理	填制调拨单
2	2022-12-11	C01于艳森	库存管理	审核其他出库单、其他入库单
3	2022-12-11	W02王贺鑫	存货核算	特殊单据记账
4	2022-12-11	W02王贺鑫	存货核算	生成凭证（调拨单制单）

业务34实训过程指导见表6-34。

表6-34

实训过程指导

序号	操作日期	操作员	系统	实训内容
1	2022-12-11	W02王贺鑫	总账	填制凭证 借：应付职工薪酬/工资　74 100 　贷：银行存款/中国工商银行/锦州太和支行　74 100

业务35实训过程指导见表6-35。

表6-35

实训过程指导

序号	操作日期	操作员	系统	实训内容
1	2022-12-11	G01张佳伦	采购管理	参照采购订单（CG12001）生成采购专用发票
2	2022-12-11	G01张佳伦	采购管理	（手工）采购结算
3	2022-12-11	W02王贺鑫	应付款管理	审核采购专用发票 注意：含非合理损耗的采购业务所生成的采购发票仅在应付系统审核，不在应付系统制单
4	2022-12-11	W02王贺鑫	存货核算	正常单据记账，生成凭证（采购结算单制单）
5	2022-12-11	W03赵艺丹	应付款管理	选择付款
6	2022-12-11	W02王贺鑫	应付款管理	合并制单
7	2022-12-11	W02王贺鑫	总账	填制凭证1（非合理损耗处理） 借：其他应收款/个人往来（张佳伦）　1 243 　贷：待处理财产损溢/待处理流动资产损溢　1 243
8	2022-12-11	W02王贺鑫	总账	填制凭证2（收回银行汇票余款） 借：银行存款/中国工商银行/锦州太和支行　51 290 　贷：其他货币资金/银行汇票　51 290

业务36实训过程指导见表6-36。

表6-36

实训过程指导

序号	操作日期	操作员	系统	实训内容
1	2022-12-12	X01张滢芬	销售管理	参照委托代销发货单生成委托代销结算单
2	2022-12-12	X01张滢芬	销售管理	销售专用发票现结、复核
3	2022-12-12	W02王贺鑫	应收款管理	审核销售专用发票，制单处理
4	2022-12-12	W02王贺鑫	存货核算	发出商品记账，生成凭证

业务37实训过程指导见表6-37。

表6-37 实训过程指导

序号	操作日期	操作员	系统	实训内容
1	2022-12-12	W02王贺鑫	总账	填制凭证 借：应付职工薪酬/住房公积金　3 000 　　其他应付款/代扣职工三险一金/代扣住房公积金　3 000 　贷：银行存款/中国工商银行/锦州太和支行　6 000

业务38实训过程指导见表6-38。

表6-38 实训过程指导

序号	操作日期	操作员	系统	实训内容
1	2022-12-12	W02王贺鑫	总账	填制凭证 借：应付职工薪酬/社会保险费/基本医疗保险费　2 400 　　其他应付款/代扣职工三险一金/代扣医疗保险　600 　　应付职工薪酬/设定提存计划/基本养老保险费　3 600 　　其他应付款/代扣职工三险一金/代扣养老保险　2 400 　　应付职工薪酬/设定提存计划/失业保险费　600 　　其他应付款/代扣职工三险一金/代扣失业保险　300 　　应付职工薪酬/社会保险费/工伤保险费　150 　　应付职工薪酬/社会保险费/生育保险费　255 　贷：银行存款/中国工商银行/锦州太和支行　10 305

业务39实训过程指导见表6-39。

表6-39 实训过程指导

序号	操作日期	操作员	系统	实训内容
1	2022-12-12	W02王贺鑫	总账	填制凭证 借：应付职工薪酬/工会经费　1 608 　贷：银行存款/中国工商银行/锦州太和支行　964.8 　　　银行存款/中国工商银行/锦州太和支行　643.2

业务40实训过程指导见表6-40。

表6-40 实训过程指导

序号	操作日期	操作员	系统	实训内容
1	2022-12-12	G01张佳伦	采购管理	参照采购订单（CG12004）生成到货单
2	2022-12-12	C01于艳森	库存管理	参照到货单生成采购入库单
3	2022-12-12	G01张佳伦	采购管理	参照采购订单生成销售折让的红字专用发票
4	2022-12-12	G01张佳伦	采购管理	（手工）采购结算
5	2022-12-12	W02王贺鑫	应付款管理	审核采购专用发票，制单处理
6	2022-12-12	W02王贺鑫	应付款管理	红票对冲
7	2022-12-12	W02王贺鑫	存货核算	正常单据记账，生成凭证

业务41实训过程指导见表6-41。

表6-41　实训过程指导

序号	操作日期	操作员	系统	实训内容
1	2022-12-12	W02王贺鑫	总账	填制凭证 借：应交税费/未交增值税　752 698.10 应交税费/应交城市维护建设税　52 688.88 应交税费/应交教育费附加　22 580.94 应交税费/应交地方教育附加　15 053.96 应交税费/应交个人所得税　1 411.60 贷：银行存款/中国工商银行/锦州太和支行　844 433.48

业务42实训过程指导见表6-42。

表6-42　实训过程指导

序号	操作日期	操作员	系统	实训内容
1	2022-12-12	W02王贺鑫	总账	填制凭证 借：交易性金融资产/成本（高科石化）　303 600 贷：投资收益　-1 915.8 其他货币资金/存出投资款　305 515.8

业务43实训过程指导见表6-43。

表6-43　实训过程指导

序号	操作日期	操作员	系统	实训内容
1	2022-12-13	X01张滏芬	销售管理	参照销售订单（XS12003）生成销售专用发票，代垫处理
2	2022-12-13	C01于艳淼	库存管理	参照自动生成的发货单生成销售出库单
3	2022-12-13	W02王贺鑫	应收款管理	审核销售专用发票、其他应收单，制单处理（2张）
4	2022-12-13	W02王贺鑫	应收款管理	预收冲应收
5	2022-12-13	W02王贺鑫	存货核算	正常单据记账

业务44实训过程指导见表6-44。

表6-44　实训过程指导

序号	操作日期	操作员	系统	实训内容
1	2022-12-13	W03赵艺丹	应收款管理	参照销售订单（XS12004）生成“销售定金”收款单
2	2022-12-13	W02王贺鑫	应收款管理	审核收款单，制单处理
3	2022-12-13	X01张滏芬	销售管理	审核销售订单（XS12004）
4	2022-12-13	X01张滏芬	销售管理	参照销售订单生成发货单 注意：表体需回签处理
5	2022-12-13	C01于艳淼	库存管理	参照发货单生成销售出库单

业务45实训过程指导见表6-45。

表6-45

实训过程指导

序号	操作日期	操作员	系统	实训内容
1	2022-12-14	G01张佳伦	采购管理	参照采购订单（CG12003）生成到货单 注意：表体需拒收20个希捷移动硬盘
2	2022-12-14	G01张佳伦	采购管理	参照到货单生成到货拒收单
3	2022-12-14	C01于艳森	库存管理	参照到货单生成采购入库单 注意：希捷移动硬盘实际入库580个
4	2022-12-14	G01张佳伦	采购管理	参照采购订单（CG12003）生成采购专用发票
5	2022-12-14	G01张佳伦	采购管理	（手工）采购结算
6	2022-12-14	W02王贺鑫	应付款管理	审核采购专用发票，制单处理
7	2022-12-14	W02王贺鑫	存货核算	正常单据记账，生成凭证

业务46实训过程指导见表6-46。

表6-46

实训过程指导

序号	操作日期	操作员	系统	实训内容
1	2022-12-14	X01张蓥芬	销售管理	参照销售订单（XS12002）生成红字销售专用发票
2	2022-12-14	C01于艳森	库存管理	参照自动生成的发货单生成负数销售出库单
3	2022-12-14	W02王贺鑫	应收款管理	审核销售专用发票，制单处理
4	2022-12-14	W02王贺鑫	应收款管理	红票对冲
5	2022-12-14	W02王贺鑫	存货核算	正常单据记账
6	2022-12-14	G01张佳伦	采购管理	填制采购专用发票（运输费）
7	2022-12-14	W02王贺鑫	应付款管理	审核采购专用发票，制单处理 注意：所生成凭证借方计入销售费用

业务47实训过程指导见表6-47。

表6-47

实训过程指导

序号	操作日期	操作员	系统	实训内容
1	2022-12-15	W03赵艺丹	应付款管理	选择付款
2	2022-12-15	W02王贺鑫	应付款管理	（合并）制单处理

业务48实训过程指导见表6-48。

表6-48

实训过程指导

序号	操作日期	操作员	系统	实训内容
1	2022-12-15	X01张蓥芬	销售管理	参照销售订单生成红字销售专用发票
2	2022-12-15	W02王贺鑫	应收款管理	审核销售专用发票，制单处理
3	2022-12-15	W02王贺鑫	应收款管理	红票对冲

业务49实训过程指导见表6-49。

表6-49

实训过程指导

序号	操作日期	操作员	系统	实训内容
1	2022-12-16	G01张佳伦	采购管理	参照采购订单（CG12001）生成采购退货单（-30台）
2	2022-12-16	C01于艳森	库存管理	参照采购退货单生成负数的采购入库单

业务50实训过程指导见表6-50。

表6-50

实训过程指导

序号	操作日期	操作员	系统	实训内容
1	2022-12-16	W02王贺鑫	总账	填制凭证 借：销售费用/广告宣传费　95 000 应交税费/应交增值税/进项税额　5 700 贷：银行存款/中国银行/锦州太和支行/人民币　100 700

业务51实训过程指导见表6-51。

表6-51

实训过程指导

序号	操作日期	操作员	系统	实训内容
1	2022-12-16	W03赵艺丹	应收款管理	选择收款（折扣10 080元）
2	2022-12-16	W02王贺鑫	应收款管理	（合并）制单处理

业务52实训过程指导见表6-52。

表6-52

实训过程指导

序号	操作日期	操作员	系统	实训内容
1	2022-12-16	W02王贺鑫		填制“外购热力分配表”
2	2022-12-16	W02王贺鑫	总账	填制凭证 借：管理费用/办公费（行政部）　1 250 管理费用/办公费（人事部）　1 000 管理费用/办公费（财务部）　2 000 管理费用/办公费（采购部）　1 250 管理费用/办公费（仓储部）　18 274.5 销售费用/办公费（销售部）　1 250 应交税费/应交增值税/进项税额　2 252.21 贷：银行存款/中国银行/锦州太和支行/人民币　27 276.71

业务53实训过程指导见表6-53。

表6-53

实训过程指导

序号	操作日期	操作员	系统	实训内容
1	2022-12-16	X01张滢芬	销售管理	参照发货单生成发货签回单 注意：客户少收10个，属于合理损耗，客户自担

业务54实训过程指导见表6-54。

表6-54

实训过程指导

序号	操作日期	操作员	系统	实训内容
1	2022-12-17	G01张佳伦	采购管理	参照负数的采购入库单生成红字采购专用发票
2	2022-12-17	W02王贺鑫	应付款管理	审核采购专用发票，制单处理
3	2022-12-17	W02王贺鑫	存货核算	正常单据记账，生成凭证

业务55实训过程指导见表6-55。

表6-55 实训过程指导

序号	操作日期	操作员	系统	实训内容
1	2022-12-17	W02王贺鑫	总账	填制凭证 借：其他货币资金/存出投资款 131 996.8 贷：交易性金融资产/成本（神宇股份） 100 000 投资收益 31 996.8

业务56实训过程指导见表6-56。

表6-56 实训过程指导

序号	操作日期	操作员	系统	实训内容
1	2022-12-17	X01张滢芬	销售管理	填制销售订单 注意：表头币种、汇率的处理
2	2022-12-17	X01张滢芬	销售管理	参照销售订单生成发货单
3	2022-12-17	C01于艳森	库存管理	参照发货单生成销售出库单

业务57实训过程指导见表6-57。

表6-57 实训过程指导

序号	操作日期	操作员	系统	实训内容
1	2022-12-18	W03赵艺丹	应付款管理	票据管理（增加）
2	2022-12-18	W02王贺鑫	应付款管理	审核付款单，核销处理
3	2022-12-18	W02王贺鑫	应付款管理	（合并）制单处理

业务58实训过程指导见表6-58。

表6-58 实训过程指导

序号	操作日期	操作员	系统	实训内容
1	2022-12-18	W02王贺鑫	总账	填制凭证 借：应付职工薪酬/职工教育经费 3 000 应交税费/应交增值税/进项税额 180 贷：银行存款/中国银行/锦州太和支行/人民币 3 180

业务59实训过程指导见表6-59。

表6-59 实训过程指导

序号	操作日期	操作员	系统	实训内容
1	2022-12-18	G01张佳伦	采购管理	填制受托代销结算单
2	2022-12-18	G01张佳伦	采购管理	采购专用发票现付处理
3	2022-12-18	W02王贺鑫	应付款管理	审核采购专用发票，制单处理
4	2022-12-18	W02王贺鑫	存货核算	结算成本处理
5	2022-12-18	X01张滢芬	销售管理	填制销售专用发票（代销手续费）
6	2022-12-18	W02王贺鑫	应收款管理	审核销售专用发票，制单处理 注意：所生成凭证贷方计入其他业务收入
7	2022-12-18	W02王贺鑫	应收款管理	应收冲应付

业务60实训过程指导见表6-60。

表6-60

实训过程指导

序号	操作日期	操作员	系统	实训内容
1	2022-12-19	X01张奎芬	销售管理	填制销售订单 注意：表头的业务类型为“直运销售”； 表体需处理商业折扣
2	2022-12-19	G01张佳伦	采购管理	参照（直运销售）销售订单生成采购订单 注意：表头的业务类型为“直运采购”

业务61实训过程指导见表6-61。

表6-61

实训过程指导

序号	操作日期	操作员	系统	实训内容
1	2022-12-19	W02王贺鑫	总账	填制凭证 借：管理费用/修理费　1 100 应交税费/应交增值税/进项税额　143 贷：银行存款/中国银行/锦州太和支行/人民币　1 243

业务62实训过程指导见表6-62。

表6-62

实训过程指导

序号	操作日期	操作员	系统	实训内容
1	2022-12-19	G01张佳伦	采购管理	填制采购专用发票
2	2022-12-19	G01张佳伦	采购管理	费用折扣结算 注意：对应的入库单号为RK12009
3	2022-12-19	W02王贺鑫	应付款管理	审核采购专用发票，制单处理
4	2022-12-19	W02王贺鑫	存货核算	结算成本处理
5	2022-12-19	W02王贺鑫	存货核算	制单处理

业务63实训过程指导见表6-63。

表6-63

实训过程指导

序号	操作日期	操作员	系统	实训内容
1	2022-12-20	X01张奎芬	销售管理	填制销售订单
2	2022-12-20	X01张奎芬	销售管理	参照销售订单生成发货单
3	2022-12-20	C01于艳淼	库存管理	参照发货单生成销售出库单
4	2022-12-20	X01张奎芬	销售管理	参照发货单生成销售专用发票，现结处理 注意：该发票包含SX12004和XS12007两张订单
5	2022-12-20	W03赵艺丹	应收款管理	定金转货款（生成一张新的收款单）
6	2022-12-20	W02王贺鑫	应收款管理	审核销售专用发票，制单处理
7	2022-12-20	W02王贺鑫	应收款管理	审核收款单，核销处理，（合并）制单处理
8	2022-12-20	W02王贺鑫	存货核算	正常单据记账

业务64实训过程指导见表6-64。

表6-64

实训过程指导

序号	操作日期	操作员	系统	实训内容
1	2022-12-20	W02王贺鑫	固定资产	资产减少
2	2022-12-20	W02王贺鑫	固定资产	批量制单 注意：借方科目手动改为“投资性房地产/成本”

业务65实训过程指导见表6-65。

表6-65 实训过程指导

序号	操作日期	操作员	系统	实训内容
1	2022-12-20	W03赵艺丹	应付款管理	选择付款（现金折扣33 480元）
2	2022-12-20	W02王贺鑫	应付款管理	（合并）制单处理

业务66实训过程指导见表6-66。

表6-66 实训过程指导

序号	操作日期	操作员	系统	实训内容
1	2022-12-21	X01张滢芬	销售管理	参照销售订单（WT12001）生成委托代销退货单
2	2022-12-21	C01于艳森	库存管理	参照委托代销退货单生成负数的销售出库单
3	2022-12-21	W02王贺鑫	存货核算	发出商品记账，生成凭证
4	2022-12-21	X01张滢芬	销售管理	参照委托代销发货单生成委托代销结算退回
5	2022-12-21	X01张滢芬	销售管理	红字销售专用发票现结、复核
6	2022-12-21	W02王贺鑫	应收款管理	审核销售专用发票，制单处理
7	2022-12-21	W02王贺鑫	存货核算	发出商品记账，生成凭证

业务67实训过程指导见表6-67。

表6-67 实训过程指导

序号	操作日期	操作员	系统	实训内容
1	2022-12-21	W02王贺鑫	总账	填制凭证（3张） 借：银行存款/中国工商银行/锦州太和支行　12 945.15 　　财务费用/利息支出　-12 945.15 　　银行存款/中国银行/锦州太和支行/人民币　9 538.62 　　财务费用/利息支出　-9 538.62 　　银行存款/中国银行/锦州太和支行/美元　4 105.19 　　财务费用/利息支出　-4 105.19 注：612.35×6.70400=4 105.19（元）

业务68实训过程指导见表6-68。

表6-68 实训过程指导

序号	操作日期	操作员	系统	实训内容
1	2022-12-21	W02王贺鑫	总账	填制凭证（2张） 借：财务费用/手续费及工本费　100 　贷：银行存款/中国工商银行/锦州太和支行　100 借：财务费用/手续费及工本费　100 　贷：银行存款/中国银行/锦州太和支行/人民币　100

业务69实训过程指导见表6-69。

表6-69 实训过程指导

序号	操作日期	操作员	系统	实训内容
1	2022-12-21	X01张滢芬	销售管理	参照销售订单（XS12001）生成销售专用发票
2	2022-12-21	C01于艳森	库存管理	参照自动生成的发货单生成销售出库单
3	2022-12-21	W02王贺鑫	应收款管理	审核销售专用发票，制单处理
4	2022-12-21	W02王贺鑫	存货核算	正常单据记账

业务70实训过程指导见表6-70。

表6-70

实训过程指导

序号	操作日期	操作员	系统	实训内容
1	2022-12-22	X01张蓥芬	销售管理	参照（直运销售）销售订单生成销售专用发票（现结）
2	2022-12-22	G01张佳伦	采购管理	参照（直运采购）采购订单生成直运采购发票
3	2022-12-22	W02王贺鑫	应收款管理	审核销售专用发票，制单处理
4	2022-12-22	W02王贺鑫	应付款管理	审核采购专用发票，制单处理
5	2022-12-22	W02王贺鑫	应付款管理	预付冲应付（提示：预付款来自期初余额）
6	2022-12-22	W02王贺鑫	存货核算	直运销售记账，生成凭证

业务71实训过程指导见表6-71。

表6-71

实训过程指导

序号	操作日期	操作员	系统	实训内容
1	2022-12-22	W03赵艺丹	应收款管理	选择收款
2	2022-12-22	W02王贺鑫	应收款管理	（合并）制单处理

业务72实训过程指导见表6-72。

表6-72

实训过程指导

序号	操作日期	操作员	系统	实训内容
1	2022-12-23	W02王贺鑫	固定资产	资产减少
2	2022-12-23	W02王贺鑫	固定资产	批量制单
3	2022-12-23	W02王贺鑫	总账	填制凭证（结转清理净损益） 贷：资产处置损益　−25 864 固定资产清理　25 864
4	2022-12-23	G01张佳伦	采购管理	填制采购订单
5	2022-12-23	G01张佳伦	采购管理	参照采购订单生成到货单
6	2022-12-23	C01于艳淼	库存管理	参照到货单生成采购入库单
7	2022-12-23	G01张佳伦	采购管理	参照采购入库单生成采购专用发票（现付） 注意：结算方式选择“其他”
8	2022-12-23	W02王贺鑫	应付款管理	审核采购专用发票，制单处理 注意：将贷方科目改为“112203”
9	2022-12-23	W02王贺鑫	存货核算	正常单据记账，生成凭证
10	2022-12-23	W03赵艺丹	应收款管理	填制收款单，表体“款项类型”选择“其他费用”，表体科目选择“112203”）
11	2022-12-23	W02王贺鑫	应收款管理	审核收款单，制单处理

业务73实训过程指导见表6-73。

表6-73

实训过程指导

序号	操作日期	操作员	系统	实训内容
1	2022-12-23	W03赵艺丹	应收款管理	票据管理（结算）
2	2022-12-23	W02王贺鑫	应收款管理	制单处理

业务74实训过程指导见表6-74。

表6-74 实训过程指导

序号	操作日期	操作员	系统	实训内容
1	2022-12-23	X01张滏芬	销售管理	参照（分期收款）发货单生成销售专用发票（现结）
2	2022-12-23	W02王贺鑫	应收款管理	审核销售专用发票，制单处理
3	2022-12-23	W02王贺鑫	存货核算	发出商品记账，生成凭证

业务75实训过程指导见表6-75。

表6-75 实训过程指导

序号	操作日期	操作员	系统	实训内容
1	2022-12-24	G01张佳伦	采购管理	填制（受托代销）采购退货单
2	2022-12-24	C01于艳森	库存管理	参照采购退货单生成负数的采购入库单
3	2022-12-24	W02王贺鑫	存货核算	正常单据记账，生成凭证

业务76实训过程指导见表6-76。

表6-76 实训过程指导

序号	操作日期	操作员	系统	实训内容
1	2022-12-24	X01张滏芬	销售管理	填制销售订单 注意：表头的销售类型应选择“售后回购”
2	2022-12-24	X01张滏芬	销售管理	参照销售订单生成销售专用发票
3	2022-12-24	C01于艳森	库存管理	参照自动生成的发货单生成销售出库单
4	2022-12-24	W02王贺鑫	应收款管理	审核销售专用发票，制单处理
5	2022-12-24	W02王贺鑫	存货核算	正常单据记账
6	2022-12-24	C01于艳森	库存管理	填制借出借用单
7	2022-12-24	C01于艳森	库存管理	参照借出借用单生成其他出库单

业务77实训过程指导见表6-77。

表6-77 实训过程指导

序号	操作日期	操作员	系统	实训内容
1	2022-12-25	W03赵艺丹	应收款管理	票据管理（增加）
2	2022-12-25	W02王贺鑫	应收款管理	审核收款单，核销处理（3 270+3 004 680）
3	2022-12-25	W02王贺鑫	应收款管理	（合并）制单处理

业务78实训过程指导见表6-78。

表6-78 实训过程指导

序号	操作日期	操作员	系统	实训内容
1	2022-12-25	W03赵艺丹	应收款管理	票据管理（增加，背书）
2	2022-12-25	W03赵艺丹	应付款管理	选择付款
3	2022-12-25	W02王贺鑫	应收款管理	审核收款单，核销处理
4	2022-12-25	W02王贺鑫	应收款管理	（合并）制单处理，票据处理制单
5	2022-12-25	W02王贺鑫	应付款管理	（合并）制单处理

业务79实训过程指导见表6-79。

表6-79

实训过程指导

序号	操作日期	操作员	系统	实训内容
1	2022-12-26	X01张滢芬	销售管理	填制零售日报单
2	2022-12-26	C01于艳淼	库存管理	根据自动生成的发货单生成销售出库单
3	2022-12-26	W02王贺鑫	应收款管理	应收单据审核，制单处理
4	2022-12-26	W02王贺鑫	应收款管理	正常单据记账，生成凭证

业务80实训过程指导见表6-80。

表6-80

实训过程指导

序号	操作日期	操作员	系统	实训内容
1	2022-12-26	W02王贺鑫	总账	填制凭证 借：库存现金　200 　贷：营业外收入/罚款收入　200

业务81实训过程指导见表6-81。

表6-81

实训过程指导

序号	操作日期	操作员	系统	实训内容
1	2022-12-26	W02王贺鑫	总账	填制凭证 借：银行存款/中国工商银行/锦州太和支行　115 000 　贷：库存现金　115 000

业务82实训过程指导见表6-82。

表6-82

实训过程指导

序号	操作日期	操作员	系统	实训内容
1	2022-12-26	X01张滢芬	销售管理	参照发货单生成销售专用发票 注意表头币种、汇率的处理
2	2022-12-26	W02王贺鑫	应收款管理	审核销售专用发票，制单处理
3	2022-12-26	W02王贺鑫	存货核算	正常单据记账

业务83实训过程指导见表6-83。

表6-83

实训过程指导

序号	操作日期	操作员	系统	实训内容
1	2022-12-27	C01于艳淼	库存管理	填制借出转换单（借出转销售）
2	2022-12-27	C01于艳淼	库存管理	修改销售出库单单号
3	2022-12-27	X01张滢芬	销售管理	参照发货单生成销售专用发票
4	2022-12-27	W02王贺鑫	应收款管理	审核销售专用发票，制单处理 注意：手工修改贷方收入科目为“其他业务收入”
5	2022-12-27	W02王贺鑫	存货核算	正常单据记账，生成凭证 注意：手工修改借方成本科目为“其他业务成本”

业务84实训过程指导见表6–84。

表6–84 实训过程指导

序号	操作日期	操作员	系统	实训内容
1	2022–12–27	X01张滢芬	销售管理	填制销售订单 表头销售类型：附退回条件销售（无法估计退货率）
2	2022–12–27	X01张滢芬	销售管理	参照销售订单生成销售专用发票（现结）
3	2022–12–27	C01于艳森	库存管理	参照自动生成的发货单生成销售出库单
4	2022–12–27	W02王贺鑫	应收款管理	审核销售专用发票，制单处理
5	2022–12–27	W02王贺鑫	存货核算	正常单据记账，生成凭证

业务85实训过程指导见表6–85。

表6–85 实训过程指导

序号	操作日期	操作员	系统	实训内容
1	2022–12–28	W03赵艺丹	应收款管理	选择收款（现金折扣15 120元）
2	2022–12–28	W02王贺鑫	应收款管理	（合并）制单处理

业务86实训过程指导见表6–86。

表6–86 实训过程指导

序号	操作日期	操作员	系统	实训内容
1	2022–12–28	W03赵艺丹	应收款管理	票据管理（贴现，提示：6‰×12=7.2%）
2	2022–12–28	W02王贺鑫	应收款管理	票据处理制单

业务87实训过程指导见表6–87。

表6–87 实训过程指导

序号	操作日期	操作员	系统	实训内容
1	2022–12–28	C01于艳森	库存管理	填制其他出库单并审核
2	2022–12–28	W02王贺鑫	存货核算	正常单据记账
3	2022–12–28	W02王贺鑫	存货核算	生成凭证 借：应付职工薪酬/非货币性福利 39 550 贷：库存商品 35 000 应交税费/应交增值税/进项税额转出 4 550 提示：贷方进项税额转出（35 000×13%）需手动插分

业务88实训过程指导见表6–88。

表6–88 实训过程指导

序号	操作日期	操作员	系统	实训内容
1	2022–12–31	W02王贺鑫	总账	填制凭证 借：银行存款/中国工商银行/锦州太和支行 4 397.89 贷：其他应收款/正卓财产保险公司 4 397.89

业务89实训过程指导见表6–89。

表6–89 实训过程指导

序号	操作日期	操作员	系统	实训内容
1	2022–12–31	W03赵艺丹	应付款管理	选择付款
2	2022–12–31	W02王贺鑫	应付款管理	（合并）制单处理

业务90实训过程指导见表6-90。

表6-90　实训过程指导

序号	操作日期	操作员	系统	实训内容
1	2022-12-31	W02王贺鑫		填制“外购电话费及网费分配表”
2	2022-12-31	W02王贺鑫	总账	填制凭证 借：管理费用/办公费（行政部）　713.05 管理费用/办公费（人事部）　713.05 管理费用/办公费（财务部）　2 139.15 管理费用/办公费（采购部）　1 426.1 管理费用/办公费（仓储部）　713.05 销售费用/办公费（销售部）　1 426.1 应交税费/应交增值税/进项税额　565.35 贷：银行存款/中国工商银行/锦州太和支行　7 695.85

业务91实训过程指导见表6-91。

表6-91　实训过程指导

序号	操作日期	操作员	系统	实训内容
1	2022-12-31	W02王贺鑫		填制“外购电费分配表”
2	2022-12-31	W02王贺鑫	总账	填制凭证 借：管理费用/水电费（行政部）　320 管理费用/水电费（人事部）　320 管理费用/水电费（财务部）　320 管理费用/水电费（采购部）　320 管理费用/水电费（仓储部）　400 销售费用/水电费（销售部）　320 应交税费/应交增值税/进项税额　260 贷：银行存款/中国工商银行/锦州太和支行　2 260

业务92实训过程指导见表6-92。

表6-92　实训过程指导

序号	操作日期	操作员	系统	实训内容
1	2022-12-31	W02王贺鑫		填制“外购水费分配表”
2	2022-12-31	W02王贺鑫	总账	填制凭证 借：管理费用/水电费（行政部）　54.6 管理费用/水电费（人事部）　67.2 管理费用/水电费（财务部）　75.6 管理费用/水电费（采购部）　67.2 管理费用/水电费（仓储部）　79.8 销售费用/水电费（销售部）　75.6 应交税费/应交增值税/进项税额　37.8 贷：银行存款/中国工商银行/锦州太和支行　457.8

业务93实训过程指导见表6-93。

表6-93 实训过程指导

序号	操作日期	操作员	系统	实训内容
1	2022-12-31	W03赵艺丹	应收款管理	填制收款单（注意：表体分两行处理）
2	2022-12-31	W02王贺鑫	应收款管理	审核收款单，制单处理

业务94实训过程指导见表6-94。

表6-94 实训过程指导

序号	操作日期	操作员	系统	实训内容
1	2022-12-31	W02王贺鑫	总账	填制凭证1（盘点处理） 借：待处理财产损溢/待处理流动资产损溢 100 贷：库存现金 100
2	2022-12-31	W02王贺鑫	总账	填制凭证2（批准后处理） 借：其他应收款/个人往来（赵艺丹） 100 贷：待处理财产损溢/待处理流动资产损溢 100

业务95实训过程指导见表6-95。

表6-95 实训过程指导

序号	操作日期	操作员	系统	实训内容
1	2022-12-31	C01于艳淼	库存管理	填制盘点单
2	2022-12-31	C01于艳淼	库存管理	审核其他出库单
3	2022-12-31	W02王贺鑫	存货核算	正常单据记账，生成凭证 借：待处理财产损溢/待处理流动资产损溢 7 232 贷：库存商品 6 400 应交税费/应交增值税/进项税额转出 832 提示：贷方进项税额转出（6 400×13%）需手工插分
4	2022-12-31	W02王贺鑫	总账	填制凭证 借：其他应收款/个人往来（于艳淼） 4 339.2 其他应收款/正卓财产保险公司 2 892.8 贷：待处理财产损溢/待处理流动资产损溢 7 232

业务96实训过程指导见表6-96。

表6-96 实训过程指导

序号	操作日期	操作员	系统	实训内容
1	2022-12-31	W02王贺鑫	固定资产	资产盘点
2	2022-12-31	W02王贺鑫	固定资产	盘盈盘亏确认
3	2022-12-31	W02王贺鑫	固定资产	资产盘亏
4	2022-12-31	W02王贺鑫	固定资产	批量制单 借：待处理财产损溢/待处理固定资产损溢 2 422.72 累计折旧 2 856 贷：固定资产 5 000 应交税费/应交增值税/进项税额转出 278.72 提示：贷方进项税额转出（2 144×13%）需手工插分。
5	2022-12-31	W02王贺鑫	总账	填制凭证 借：其他应收款/个人往来（张滏芬） 969.09 其他应收款/正卓财产保险公司 1 453.63 贷：待处理财产损溢/待处理流动资产损溢 2 422.72

业务97实训过程指导见表6-97。

表6-97

实训过程指导

序号	操作日期	操作员	系统	实训内容
1	2022-12-31	A01杨正林	基础设置	在外币设置中输入“调整汇率”
2	2022-12-31	W03赵艺丹	总账	出纳签字
3	2022-12-31	W01李春华	总账	审核凭证
4	2022-12-31	W02王贺鑫	总账	记账
5	2022-12-31	W02王贺鑫	总账	汇兑损益结转
6	2022-12-31	W02王贺鑫	应收款管理	汇兑损益

业务98实训过程指导见表6-98。

表6-98

实训过程指导

序号	操作日期	操作员	系统	实训内容
1	2022-12-31	W02王贺鑫		填制“坏账准备计提表”
2	2022-12-31	W02王贺鑫	应收款管理	计提坏账准备并制单处理

业务99实训过程指导见表6-99。

表6-99

实训过程指导

序号	操作日期	操作员	系统	实训内容
1	2022-12-31	W02王贺鑫	存货核算	计提跌价准备
2	2022-12-31	W02王贺鑫	存货核算	跌价准备制单

业务100实训过程指导见表6-100。

表6-100

实训过程指导

序号	操作日期	操作员	系统	实训内容
1	2022-12-31	W02王贺鑫		填制“固定资产减值准备计提表”
2	2022-12-31	W02王贺鑫	固定资产	填制变动单（计提减值准备）
3	2022-12-31	W02王贺鑫	固定资产	批量制单

业务101实训过程指导见表6-101。

表6-101

实训过程指导

序号	操作日期	操作员	系统	实训内容
1	2022-12-31	W02王贺鑫		填制“固定资产折旧计算表”
2	2022-12-31	W02王贺鑫	固定资产	计提本月折旧
3	2022-12-31	W02王贺鑫	固定资产	批量制单

业务102实训过程指导见表6-102。

表6-102

实训过程指导

序号	操作日期	操作员	系统	实训内容
1	2022-12-31	W02王贺鑫		填制“无形资产摊销表”
2	2022-12-31	W02王贺鑫	总账	填制凭证 借：管理费用/无形资产摊销　1 666.67 　贷：累计摊销　1 666.67

业务103实训过程指导见表6-103。

表6-103 实训过程指导

序号	操作日期	操作员	系统	实训内容
1	2022-12-31	W02王贺鑫	存货核算	期末处理
2	2022-12-31	W02王贺鑫	存货核算	生成凭证

业务104实训过程指导见表6-104。

表6-104 实训过程指导

序号	操作日期	操作员	系统	实训内容
1	2022-12-31	W02王贺鑫		填制“公允价值变动计算表”
2	2022-12-31	W02王贺鑫	总账	填制凭证 借：投资性房地产/公允价值变动　100 000 　贷：公允价值变动损益　100 000

业务105实训过程指导见表6-105。

表6-105 实训过程指导

序号	操作日期	操作员	系统	实训内容
1	2022-12-31	W02王贺鑫		填制“公允价值变动计算表”
2	2022-12-31	W02王贺鑫	总账	填制凭证 借：交易性金融资产/公允价值变动（神宇股份）　16 000 　　交易性金融资产/公允价值变动（高科石化）　46 400 　贷：公允价值变动损益　62 400

业务106实训过程指导见表6-106。

表6-106 实训过程指导

序号	操作日期	操作员	系统	实训内容
1	2022-12-31	W02王贺鑫		填制“应交财产税计算表”
2	2022-12-31	W02王贺鑫	总账	填制凭证 借：税金及附加　127 151.76 　贷：应交税费/应交房产税　113 400 　　　应交税费/应交车船税　1 740 　　　应交税费/应交城镇土地使用税　12 011.76

业务107实训过程指导见表6-107。

表6-107 实训过程指导

序号	操作日期	操作员	系统	实训内容
1	2022-12-31	W02王贺鑫		填制“职工非货币性福利分配表”
2	2022-12-31	W02王贺鑫	总账	填制凭证 借：管理费用/职工薪酬（行政部）　3 955 　　管理费用/职工薪酬（人事部）　3 955 　　管理费用/职工薪酬（财务部）　11 865 　　管理费用/职工薪酬（采购部）　7 910 　　管理费用/职工薪酬（仓储部）　3 955 　　销售费用/职工薪酬（销售部）　7 910 　贷：应付职工薪酬/非货币性福利　39 550

业务108实训过程指导见表6-108。

表6-108

实训过程指导

序号	操作日期	操作员	系统	实训内容
1	2022-12-31	W02王贺鑫		填制“职工教育经费分配表”
2	2022-12-31	W02王贺鑫	总账	填制凭证 借：管理费用/职工薪酬（行政部） 300 管理费用/职工薪酬（人事部） 300 管理费用/职工薪酬（财务部） 900 管理费用/职工薪酬（采购部） 600 管理费用/职工薪酬（仓储部） 300 销售费用/职工薪酬（销售部） 600 贷：应付职工薪酬/职工教育经费 3 000

业务109实训过程指导见表6-109。

表6-109

实训过程指导

序号	操作日期	操作员	系统	实训内容
1	2022-12-31	W02王贺鑫	薪资管理	工资变动

业务110实训过程指导见表6-110。

表6-110

实训过程指导

序号	操作日期	操作员	系统	实训内容
1	2022-12-31	W02王贺鑫	薪资管理	工资分摊（计提工资）

业务111实训过程指导见表6-111。

表6-111

实训过程指导

序号	操作日期	操作员	系统	实训内容
1	2022-12-31	W02王贺鑫	薪资管理	工资分摊（预扣个人所得税）

业务112实训过程指导见表6-112。

表6-112

实训过程指导

序号	操作日期	操作员	系统	实训内容
1	2022-12-31	W02王贺鑫	薪资管理	工资分摊（代扣职工负担的三险一金）

业务113实训过程指导见表6-113。

表6-113

实训过程指导

序号	操作日期	操作员	系统	实训内容
1	2022-12-31	W02王贺鑫	薪资管理	工资分摊（计提企业负担的五险一金）

业务114实训过程指导见表6-114。

表6-114

实训过程指导

序号	操作日期	操作员	系统	实训内容
1	2022-12-31	W02王贺鑫	薪资管理	工资分摊（计提工会经费）

业务115实训过程指导见表6-115。

表6-115 实训过程指导

序号	操作日期	操作员	系统	实训内容
1	2022-12-31	W02王贺鑫		填制“售后回购利息费用计算表”
2	2022-12-31	W02王贺鑫	总账	填制凭证 借：财务费用/利息支出 5 880 贷：其他应付款/应付售后回购款（沈阳宝泰） 5 880

业务116实训过程指导见表6-116。

表6-116 实训过程指导

序号	操作日期	操作员	系统	实训内容
1	2022-12-31	W02王贺鑫		填制“借款利息计算表”
2	2022-12-31	W02王贺鑫	总账	填制凭证 借：财务费用/利息支出 40 866.67 贷：应付利息 40 000 应付利息 866.67 提示：本业务也可通过“自定义转账”实现

业务117实训过程指导见表6-117。

表6-117 实训过程指导

序号	操作日期	操作员	系统	实训内容
1	2022-12-31	W02王贺鑫		填制“利息收入与摊余成本计算表（实际利率法）”
2	2022-12-31	W02王贺鑫	总账	填制凭证 借：应收利息 20 000 债权投资/利息调整 2 035 贷：投资收益 22 035 提示：本业务也可通过“自定义转账”实现

业务118实训过程指导见表6-118。

表6-118 实训过程指导

序号	操作日期	操作员	系统	实训内容
1	2022-12-31	W02王贺鑫		填制“转让金融商品应交增值税计算表”
2	2022-12-31	W02王贺鑫	总账	填制凭证 贷：投资收益 -1 862.26 应交税费/转让金融商品应交增值税 1 862.26

业务119实训过程指导见表6-119。

表6-119 实训过程指导

序号	操作日期	操作员	系统	实训内容
1	2022-12-31	W03赵艺丹	总账	出纳签字
2	2022-12-31	W01李春华	总账	审核凭证
3	2022-12-31	W02王贺鑫	总账	记账
4	2022-12-31	W02王贺鑫		填制“未交增值税计算表”
5	2022-12-31	W02王贺鑫	总账	转账生成（自定义转账：结转本月应交未交增值税） 借：应交税费/应交增值税/转出未交增值税 1 057 109.38 贷：应交税费/未交增值税 1 057 109.38

业务120实训过程指导见表6-120。

表6-120

实训过程指导

序号	操作日期	操作员	系统	实训内容
1	2022-12-31	W01李春华	总账	审核凭证
2	2022-12-31	W02王贺鑫	总账	记账
3	2022-12-31	W02王贺鑫		填制“应交城市维护建设税、教育费附加及地方教育附加计算表”
4	2022-12-31	W02王贺鑫	总账	转账生成（自定义转账：计提应交城市维护建设税、教育费附加和地方教育附加） 借：税金及附加　127 076.59 贷：应交税费/应交城市维护建设税　74 128.01 应交税费/应交教育费附加　31 769.15 应交税费/应交地方教育附加　21 179.43

业务121实训过程指导见表6-121。

表6-121

实训过程指导

序号	操作日期	操作员	系统	实训内容
1	2022-12-31	W01李春华	总账	审核凭证
2	2022-12-31	W02王贺鑫	总账	记账
3	2022-12-31	W02王贺鑫	总账	转账生成（期间损益结转） 提示：收入类、支出类各生成一张记账凭证 借：主营业务收入　24 657 677.78 其他业务收入/受托代销手续费　53 000 其他业务收入/出售包装物收入　3 600 公允价值变动损益　162 400 投资收益　−92 583.26 资产处置损益　−25 864 营业外收入　200 贷：本年利润　24 758 430.52 借：本年利润　21 685 331.95 贷：主营业务成本　19 853 724.00 其他业务成本　2 700.00 税金及附加　254 228.35 销售费用/折旧费（销售部）　11 839.52 销售费用/职工薪酬（销售部）　38 051.49 销售费用/水电费（销售部）　395.60 销售费用/办公费（销售部）　3 388.10 销售费用/运输费（销售部）　500.00 销售费用/广告宣传费（销售部）　95 000.00 管理费用/折旧费（行政部）　6 911.52 管理费用/折旧费（人事部）　9 827.52 管理费用/折旧费（财务部）　9 895.52 管理费用/折旧费（采购部）　9 879.32 管理费用/折旧费（仓储部）　21 253.80 管理费用/职工薪酬（行政部）　37 543.60 管理费用/职工薪酬（人事部）　14 785.94 管理费用/职工薪酬（财务部）　58 918.12 管理费用/职工薪酬（采购部）　36 109.10 管理费用/职工薪酬（仓储部）　16 750.17 管理费用/水电费（行政部）　374.60 管理费用/水电费（人事部）　387.20 管理费用/水电费（财务部）　395.60 管理费用/水电费（采购部）　387.20 管理费用/水电费（仓储部）　479.80 管理费用/差旅费（财务部）　3 346.50 管理费用/办公费（行政部）　2 319.05 管理费用/办公费（人事部）　2 069.05 管理费用/办公费（财务部）　5 207.15 管理费用/办公费（采购部）　3 388.10 管理费用/办公费（仓储部）　19 343.55 管理费用/修理费　1 100.00 管理费用/无形资产摊销　1 666.67 财务费用/利息支出　20 157.71 财务费用/汇兑损益　−4 844.67 财务费用/手续费及工本费　203.50 财务费用/现金折扣　−8 280.00 财务费用/票据贴现　110 090.97 资产减值损失　750 800.00 信用减值损失　−4 961.70 营业外支出/公益性捐赠支出　300 000.00

业务122实训过程指导见表6-122。

表6-122 实训过程指导

序号	操作日期	操作员	系统	实训内容
1	2022-12-31	W02王贺鑫	总账	填制凭证 借：应交税费/应交企业所得税 2 600 000 贷：银行存款/中国工商银行/锦州太和支行 2 600 000

业务123实训过程指导见表6-123。

表6-123 实训过程指导

序号	操作日期	操作员	系统	实训内容
1	2022-12-31	W01李春华	总账	审核凭证
2	2022-12-31	W02王贺鑫	总账	记账
3	2022-12-31	W02王贺鑫		填制“所得税费用计算表”
4	2022-12-31	W02王贺鑫	总账	根据“所得税费用计算表”填制凭证 借：所得税费用/当期所得税费用 11 458 997.88 所得税费用/递延所得税费用 -147 328.58 递延所得税资产 187 928.58 贷：递延所得税负债 40 600.00 应交税费/应交企业所得税 11 458 997.88

业务124实训过程指导见表6-124。

表6-124 实训过程指导

序号	操作日期	操作员	系统	实训内容
1	2022-12-31	W01李春华	总账	审核凭证
2	2022-12-31	W02王贺鑫	总账	记账
3	2022-12-31	W02王贺鑫	总账	转账生成（期间损益结转） 借：本年利润 11 311 669.30 贷：所得税费用/当期所得税费用 11 458 997.88 所得税费用/递延所得税费用 -147 328.58

业务125实训过程指导见表6-125。

表6-125 实训过程指导

序号	操作日期	操作员	系统	实训内容
1	2022-12-31	W02王贺鑫	总账	转账生成（自定义转账：提取法定盈余公积） 借：利润分配/提取法定盈余公积 3 264 319.81 贷：盈余公积/法定盈余公积 3 264 319.81

业务126实训过程指导见表6-126。

表6-126 实训过程指导

序号	操作日期	操作员	系统	实训内容
1	2022-12-31	W02王贺鑫	总账	转账生成（自定义转账：向投资者分配利润） 借：利润分配/应付现金股利或利润 9 792 959.43 贷：应付股利 9 792 959.43

业务127实训过程指导见表6-127。

表6-127　实训过程指导

序号	操作日期	操作员	系统	实训内容
1	2022-12-31	W01李春华	总账	审核凭证
2	2022-12-31	W02王贺鑫	总账	记账
3	2022-12-31	W02王贺鑫	总账	转账生成（自定义转账：结转本年实现的净利润） 借：本年利润　32 643 198.09 贷：利润分配/未分配利润　32 643 198.09

业务128实训过程指导见表6-128。

表6-128　实训过程指导

序号	操作日期	操作员	系统	实训内容
1	2022-12-31	W01李春华	总账	审核凭证
2	2022-12-31	W02王贺鑫	总账	记账
3	2022-12-31	W02王贺鑫	总账	转账生成（自定义转账：结转利润分配明细科目） 借：利润分配/未分配利润　13 057 279.24 贷：利润分配/提取法定盈余公积　3 264 319.81 利润分配/应付现金股利或利润　9 792 959.43
4	2022-12-31	W01李春华	总账	审核凭证
5	2022-12-31	W02王贺鑫	总账	记账

业务129实训过程指导见表6-129。

表6-129　实训过程指导

序号	操作日期	操作员	系统	实训内容
1	2022-12-31	G01张佳伦	采购管理	月末结账
2	2022-12-31	X01张滢芬	销售管理	月末结账
3	2022-12-31	C01于艳森	库存管理	月末结账
4	2022-12-31	W02王贺鑫	存货核算	月末结账
5	2022-12-31	W02王贺鑫	应付款管理	月末结账
6	2022-12-31	W02王贺鑫	应收款管理	月末结账
7	2022-12-31	W02王贺鑫	固定资产	月末结账
8	2022-12-31	W02王贺鑫	薪资管理	月末处理
9	2022-12-31	W01李春华	总账	对账，结账

业务130实训过程指导见表6-130。

表6-130　实训过程指导

序号	操作日期	操作员	系统	实训内容
1	2022-12-31	W01李春华	UFO报表	利用模板生成资产负债表 注意：需根据实训资料调整报表项目
2	2022-12-31	W01李春华	UFO报表	生成报表数据，保存报表

业务131实训过程指导见表6-131。

表6-131 实训过程指导

序号	操作日期	操作员	系统	实训内容
1	2022-12-31	W01李春华	UFO报表	利用模板生成利润表 注意：需根据实训资料调整报表项目
2	2022-12-31	W01李春华	UFO报表	生成报表数据，保存报表

业务132实训过程指导见表6-132。

表6-132 实训过程指导

序号	操作日期	操作员	系统	实训内容
1	2022-12-31	W01李春华	UFO报表	根据附件设计财务指标分析表
2	2022-12-31	W01李春华	UFO报表	定义表间取数公式
3	2022-12-31	W01李春华	UFO报表	生成报表数据，保存报表

业务133实训过程指导见表6-133。

表6-133 实训过程指导

序号	操作日期	操作员	系统	实训内容
1	2022-12-31	W02王贺鑫	总账	结合业务119并根据总账系统的账表数据填列申报表

业务134实训过程指导见表6-134。

表6-134 实训过程指导

序号	操作日期	操作员	系统	实训内容
1	2022-12-31	W02王贺鑫	总账	结合业务123并根据总账系统的账表数据填列申报表

主要参考文献

[1] 宋红尔. 会计信息化——财务篇 [M]. 3版. 大连：东北财经大学出版社，2022.

[2] 宋红尔，赵越，冉祥梅. 用友ERP供应链管理系统应用教程 [M]. 3版. 大连：东北财经大学出版社，2022.

[3] 宋红尔. 会计信息系统应用——基于业财融合 [M]. 大连：东北财经大学出版社，2020.

[4] 财政部会计资格评价中心. 初级会计实务 [M]. 北京：经济科学出版社，2021.

[5] 张英. 财务会计实务 [M]. 5版. 北京：高等教育出版社，2020.

[6] 戴德明，林钢，赵西卜. 财务会计学 [M]. 13版. 北京：中国人民大学出版社，2021.

[7] 傅荣. 高级财务会计 [M]. 5版. 北京：中国人民大学出版社，2020.

[8] 财政部会计资格评价中心. 经济法基础 [M]. 北京：经济科学出版社，2021.

[9] 王红云. 税法 [M]. 10版. 北京：中国人民大学出版社，2021.

[10] 全国税务师职业资格考试教材编写组. 涉税服务实务 [M]. 北京：中国税务出版社，2022.

[11] 盖地. 税务会计学 [M]. 14版. 北京：中国人民大学出版社，2020.

[12] 李占国. 基础会计学综合模拟实验 [M]. 4版. 大连：东北财经大学出版社，2020.

[13] 陈国辉，陈文铭，傅丹，等. 基础会计实训教程 [M]. 5版. 大连：东北财经大学出版社，2018.

[14] 吴琦. 企业会计模拟实验教程 [M]. 2版. 北京：中国人民大学出版社，2020.

[15] 刘敏坤，郑怀颖. 企业会计综合实验教程 [M]. 4版. 大连：东北财经大学出版社，2019.

[16] 刘雪清. 企业会计模拟实训教程（综合实训）[M]. 9版. 大连：东北财经大学出版社，2021.

[17] 李占国. 会计综合模拟实训 [M]. 3版. 北京：高等教育出版社，2019.

[18] 汤健. 会计综合实验教程 [M]. 5版. 北京：中国人民大学出版社，2022.

[19] 黄明，郭大伟. 财务会计实训教程 [M]. 5版. 大连：东北财经大学出版社，2022.

[20] 李华. 企业会计综合实训 [M]. 3版. 大连：东北财经大学出版社，2021.

[21] 牛永芹，杨琴，陶克三. ERP财务业务一体化综合实训 [M]. 3版. 北京：高等教育出版社，2021.

[22] 李新瑞，马晨佳. 会计信息化综合实训 [M]. 大连：东北财经大学出版社，2016.

[23] 孙万军. 会计信息化综合实训 [M]. 北京：清华大学出版社，2019.

[24] 孙波，张淑萍，赵丽光. 会计信息化综合实训 [M]. 北京：清华大学出版社，2019.

[25] 全国职业院校技能大赛网. 2016年全国职业院校技能大赛高职组赛项正式赛卷 [EB/OL]. [2016-05-17]. http://www.chinaskills-jsw.org/content.jsp?id=ff80808154109a6c0154c009934b0 4eb&classid=ff8080814ead5a97015217ea88d208a8.

[26] 全国职业院校技能大赛网.2017年全国职业院校技能大赛高职组赛项正式赛卷 [EB/OL]. [2017-05-26]. http://www.chinaskills-jsw.org/content.jsp?id=ff8080815bf9bc00015c483769e20107&classid=ff8080814ead5a97015217ea88d208a8.

[27] 全国职业院校技能大赛网.2018年全国职业院校技能大赛高职组赛项正式赛卷[EB/OL].[2018-05-26]. http://www.chinaskills-jsw.org/content.jsp?id=2c9080b46254d2d101639ef184010528&classid=ff8080814ead5a97015217ea88d208a8.